山海封神榜 第二部《中卷》

Tales of Terra Ocean　Kingdom of Chaos

芦苇草 着

新时代古典奇幻文学 有著作权 侵害必究

未经授权不许翻印全文或部分

及翻译为其它语言或文字

万古神器 / 四象召唤术

《天灵兽》疾风界限：

鸳鸯钩 - 朱雀

铜镰刀 - 丹凤凰

《地灵兽》崩土界限：

铁桦杀威棒 - 白尾麇

金箔大力杵 - 瑞麒麟

《山灵兽》烈火界限：

混天乾坤圈 - 蟠蛟

如意风火轮 - 烛龙

《海灵兽》沧水界限：

落魂鞭 - 万鳞蛇

捆仙绳 - 玄冥龟

序

这个世界的起源，一切都是从盘古大神开辟天地而起，并以阳清者为上天，天数极高，又以阴浊者为下地，地数极深。

相传原初之海乃是洪荒时期大洪水的发源地，当时的天空破了一个大洞，水柱从南方倾泻而下，形成汪洋大海。因此，撑支天地的大柱折断，天塌下了半边，山林野火焚烧，洪水从地底涌流而出，千万只猛兽也跑出来吞吃人类，全天下都面临着空前浩劫。

古人因为害怕灾难，在地上建立起许多不同教派，并且造了海上宫殿，甚至还建造擎天塔想要逃往天界避难。

据说后来，女娲炼石补天，水渐止息，人民才能重新过着平静安稳的生活。因此每当天空出现虹光绽放的时候，就是女娲补天所用的神石彩光，纪念这水不再泛滥、毁坏凡有血气活物的日子，籍此象征与地永立之约的记号。

数百年后，盘王开凿墓穴，殉葬了六千柄刀剑和四象宝环，并将混沌之力封印在魔像内，统驭天地创世之妙的奥秘便随着光阴埋没，遗忘在历史的洪流之中。

原始的な天と地がどんよりとした暗闇であった。盤古の天地ができて以来、地球から見ると太陽は黄道上を回り、毎６万６千６百６６年に一度、必ず大きな災難が起きる。

　その災難は広い地域で津波、山崩れを引き起こす。大災難が起きると、池が乾き、地が避けるだけではなく、さらには気温も低くなり、洪水も起きて、島と陸地が沈没し、生霊でさえも絶滅に至る。

　四人の仙人は、世界を歩き回り、非常に辺鄙なところに、天と地がお互いを助けあうかのように寄り添い合っていた。山と海との相性が合うという奥秘を発見した。

　天地山海の精気と火風水土の栄養を吸収することによって、幻の霊珠を作れて、人類が衰えるのを防ぐことが出来るという代物を見つけた。このいくつかの四象霊珠を兵器にはめ込んだ。代々伝わり、後世の百姓には「万世神器」と呼ばれている。

　この小説は万古神器と四象霊珠の呼びかけ術について書いており、読者方様をかつてにはなかった古典ファンタジーの新紀元へとお連れ致します。

　どうぞご期待ください。

《目录》
～山海封神榜 第二部 中卷～

第十一章 劫后逢生

码头边停泊着几艘水船，一群身穿青纱红裤的小童围绕着各式各样的大船，用红线串了荷花灯，绑在码头栏杆玩耍。

眼看篷船驶来，船家撑篙荡桨，一艘庞大宝船泊在热闹处。酒客摆下宴席、猜拳行令，侍女也吹起笛音，弹奏琵琶。码头上往来的游客络绎不绝，乞丐在岸边喊着要钱，刀狩忽听见身边的打鼾之声，猛睁开眼，暗想：「咦！我在哪里？这是什么地方？」转头一望，宫本和猿飞鼾呼如雷的声音震耳欲聋，忙将二人一推，挣脱了身子：「诸位！快点醒醒！」

宫本和猿飞迷迷糊糊的睁开双眼：「忍...忍者...咱们在哪里啊？」、「浪...浪人...是谁用绳子绑着我们？」二人低头一看，四肢均被麻绳捆住，不挣扎还好，一旦挣扎，那绳子竟会陷进肉内，非常疼痛。

刀狩也被麻绳绑缚得结实，勉强坐起身问：「二位没受伤吧？」

宫本和猿飞摇了摇头，忽见有个姑娘从对面的榻上坐起身，长发披在半肩，满面泪痕，二人均喊：「香姑娘！」

香奈哭肿了双眼，目光呆滞的望着地板，这时突然听见室外脚步声响，有个男子走进房内，问道：「四位可终于醒了，在海上究竟发生了什么事情？你们最好诚实禀报，若不遵守，本大人可是会重究严惩的，决不宽容！」

四人见眼前站着一个身穿软甲的壮汉，立刻分辨出那人面貌，均喊：「哎哟！又是那个衙门的巡捕！」

巡捕的身边站着两个差役，其中一人吩咐：「几个小鬼不知天高地厚，遇见了锦大人，还不快点磕头下跪？」另外一个差役也说：「锦卫门大人乃是鼎鼎大名的活阎王，就连小鬼遇见了也要敬畏三分，你们四个究竟在海上遇见了什么变故？照实都说出来吧！」

香奈仍旧精神不济，两眼半睁半闭的呆坐在榻上，宫本惊慌：「不会这么倒霉吧？忍者！难道这次又要关地牢？」猿飞也吓出一身冷汗：「浪人！我侥幸才刚从海上捡回一条命，不想被关地牢啊！」

锦卫门面色硬朗，道：「本大人原先驶船出海，率领军队正在搜寻海洋大盗的下落，可惜海洋大盗没捉住，反倒却遇见了你们四人发生船难。怎么？你们几位不是已经被巡府大人派去充军，到黄河镇赈灾，救济灾民了吗？怎么会出现在海上呢？难道竟是大胆脱队？」

猿飞怪叫：「大人饶命！这不干我们的事啊！我们几个被四只妖怪追杀，当初若逃得迟，恐怕命都丢了！求大人释放我们吧！」锦卫门问：「什么！四只妖怪？妖怪现在何处？领我去捉妖，便放过你们！」

刀狩询问：「大人此话当真？」锦卫门反问：「本大人与你有什么仇恨，为什么要骗你们？」

众人晓得这个巡捕心性不恶，只是太过刚愎任性，偏对贼盗轻视厌憎。刀狩故意要试他的性格与机智，便问一句：「锦大人，现在四国境内有妖兽肆虐，咱们被您囚禁在此，无法除妖，接下来将会有千万生灵要遭殃，难道您不怕造孽吗？」

锦卫门怒不可遏，厉喝一声：「你跟本大人胡说什么？」刀狩道：「咱们四人已经被您用麻绳擒住，任杀任剐都只能受制于人，多谈无益。锦大人您身为捕头的掌

7

班，若有事相求询问，也没有必要绑着逼迫我们。有什么事情，先将咱们放了再商量。事若可行，无不允应，如果我们真是海洋大盗那群贼盗的党羽，你就直接把我们杀了，您觉得怎么样呢？」

锦卫门心想：「这年轻人倒也是条硬汉，好在本大人可是连小鬼都畏惧的活阎王，哼！就算解开绳子，也不怕你们四个逃上天去！」念及此处，便暂且应允了对方请求，吩咐差役解开刀狩手腕上的麻绳。

刀狩、香奈、宫本和猿飞被绑了一整个夜晚，四肢麻木，众人知道这个巡捕掌班阴魂不散，姑且就乖乖听他吩咐，暗中再待机行事。

锦卫门故意幌一幌腰带，露出锋利耀目的短刀：「你们几个究竟在海上遇见了什么事情？你且说吧！」

香奈没精打采的只是佯佯不理，刀狩冷道：「我们试图在海里收捕妖怪，可惜妖兽神通广大，交战之时被牠们损坏了船，因此我们才会遭遇海难。」

锦卫门身边的其中一个差役警告：「锦大人慧眼高明，岂不晓得你说真话还是假话？你们四个休说诳谬之言，快点道出实情吧！」宫本恼怒道：「骗你们做什么呢？忍者！这些衙门的官人还真是岂有此理啊！」猿飞战战兢兢，压低声唤：「浪人你冷静点啊！我可不想被押入地牢...」

二人话还没讲完，刀狩忽然将身向前一扑，锦卫门身边两个差役吓得措手不及，刷一声，纷纷抽出长刀：「不准乱动！」刀狩的麻绳被解开后，扯开暗袋，抄出一张灵帖喊：「诸位趁现在快走！」

宫本和猿飞急忙跳下榻叫：「香姑娘！」

香奈猛然回神，还来不及反应，两个同伴早已将手往自己的胳臂一夹，拉着就走：「快逃快逃！」

锦卫门见势不好，持刀往旁一移，企图阻挡：「站住！想逃到哪里去？」身边两个差役也正准备施展擒拿术攻击四人：「掌班大人！他们往室外逃了！」

刀狩拿着灵帖，握在手中，默诵口诀叫：「幻之结界术！两仪之门！」

忽听得山崩地裂的声响，厢房墙壁上浮现出朱文符篆，锦卫门侥幸一个快步奔出门坎，回头忽见内室像是被符咒封锁一般，两个差役逃得慢了，一转眼就被困在结界阵内。锦卫门见下属原地踏步，仿佛门口就在近前却又寻不着何处，气得大骂：「岂有此理！难道竟是奇门遁甲的幻术？」

宫本和猿飞右手拉住左手，合力将香奈的两条胳膊搭在肩上，迈开大步，逃出厢房：「天啊！香姑娘！妳还真重啊！」、「浪人！跑快一点！那个巡捕追来啦！」

锦卫门抄出钢刀追在背后，口中吆喝：「快点站住！」刀狩往后一仰，只听嘶的一声，暗袋被砍为两段，灵帖散得满地都是：「糟糕！我的法宝！」

锦卫门冷不防就是一刀，猛砍在花窗上：「站住！」

刀狩早已留神，躲开攻击之后立刻爬起身就跑，催促：「快下楼去！快下楼去！」宫本和猿飞扛着香奈穿越长廊，喘气吁吁的冲下楼梯：「天啊！原来咱们被捉到了一艘船上？」

猛低头见河岸边一片火光明亮，眼前四人所在之处乃是停泊岸边的宝船上，只因突然闯出楼船的厢房，众目所观，早就引起了百姓注意。锦卫门一个飞身从宝船二楼的

栏杆跳下，手中拿着锋利钢刀，阻挡道：「站住！本大人看你们还想往哪里逃？」

猿飞煞住脚步，怪叫：「不好了！浪人！敌人阴魂不散！难不成要我们迎上前去，以死相拚？」宫本回答：「忍者！要死你自己去死吧！」

围观群众在岸边看热闹，刀狩喘息：「巡捕大人您到底想怎么样？」锦卫门回答：「好个狡猾东西！险些让你们侥幸逃脱，还不快跟我回去衙门一趟？」

许多游客打着灯笼从路边经过，见五人在码头乱嚷着，人声鼎沸，更加兴旺。刀狩左观右看，向同伴使个眼色，压低声说：「诸位！利用这些人群做为屏障，捣乱视线，那时就算这掌班巡捕武艺再高，也不能把我们怎么样了！」

猿飞急中生智，指着锦卫门和背上无精打采的香奈，先声喊道：「各位！这家伙乃是变态杀人魔！他先迷昏了良家妇女，毛手毛脚的，打算来个先轻薄后杀害，好在我们救回了这位姑娘，没想到变态杀人魔现在却想要毁尸灭迹，杀我们四人灭口！」

群众听到「变态杀人魔」这五个字，顿时一拥而上：「太可恶了！快捉住那杀人魔！」、「大家！千万别让采花淫贼逃走了！」

「什么采花淫贼？好大胆子！竟敢侮辱本大人是变态杀人魔？」锦卫门怪眼圆睁，一见人群涌来，吓得惊喊：「等…等等！」

群众也没当面对质，望见香奈眼神呆滞，又听猿飞如此瞎掰，一口就咬定这位掌班大人乃是迷奸良家妇女的采花淫贼。锦卫门被排山倒海的群众压倒在地，混乱中掌嘴了二十几回合，鲜血直流。他用大袍袖遮住脸庞，气得举

起令牌，喊道：「停...停手！」

群众睁眼瞧见令牌，大吃一惊，均是吓得魂飞魄散：「不好！打错人了！」

锦卫门跪爬了半步，叫道：「好大胆子！本大人可是奉旨审问要犯的，何人胆大，竟敢随便打人？」

群众吓得一哄而散，顿时码头的岸边连个人影儿也不见了，锦卫门哎哟想叫，只觉得全身疼痛难忍，可惜敌人早已趁乱逃走，不知去向了。

另外一端，刀狩直奔暗巷，宫本和猿飞扛着香奈尾随在后。急促间隐约可见光线从高处透下，天只长长一条隙线，整排屋檐遮蔽了天空，刀狩先奔入一户空屋，立刻将单扇门儿掩上：「三位快点进来！」

宫本扯着香奈往前一扑，背后的猿飞紧步跟上，三人正巧撞个满怀：「可恶！忍者！做什么那么鲁莽？」、「哎哟！浪人！我怕那家伙又追来啊！」

刀狩悄悄奔到门坎边，见窗上挂着软布帘儿，从帘缝往花窗外一看，吩咐：「嘘！先别说话！」宫本和猿飞急忙捂住嘴，忽又听见一阵脚步声响，逐渐寂静，这才松一口气：「忍者，如今我跑得两腿酸疼，再也走不动了，这该如何是好？」、「浪人，不知咱们犯了何罪，为什么那个巡捕总是阴魂不散？」、「唉！忍者，认个晦气吧！算咱们四个倒霉！」

刀狩拍去肩膀上的尘垢，向前一揖，道：「三位珍重！等那巡捕跑远了，我们四人就分道扬镳吧！」宫本和猿飞睁大圆眼：「小法师！你要弃我们而去？」、「浪人，我没听错吧？小法师打算抛弃我们？」

刀狩丝毫没将二人的话听进耳中，望见香奈目光呆

滞，把心一横，说道：「别尽想着失去的东西！不在的就是不在了！三位应该想想自己当下还拥有什么！」

宫本和猿飞寒冷难禁，早已冻得腹中饥饿：「小法师！船长失踪了…我们…我们现在该怎么办？」、「浪人！我…我们今后该何去何从？」

刀狩道：「人有生死，物有毁坏，既然船已经沉了，还能修复得好吗？我们要向那四只妖怪报仇！二位有没有此决心？」宫本和猿飞垂头丧气，问：「报仇？该怎么报？」、「小法师，你自己应该也看得很清楚，万古神器被那蛇妖损毁了，船长和你师父又在海上失踪，就凭咱们四人的力量，怎么可能打得赢那四只妖怪呢？」

刀狩咬牙切齿，道：「打不赢也要打！分秒必争，速战速决！不想死的就拼命修炼，使自己变得更强一点！」宫本问：「要不要我们先去寻找刀疤大侠？或许他有办法对付这四只妖怪。」刀狩问：「谁是刀疤大侠？」

猿飞接话道：「刀疤大侠便是翠云国的雷少主，也是船长的好朋友，他这人武艺高强，非常可靠！」刀狩摇头怒道：「可靠？谁可靠？人都不可靠，这世界上只有两个人可靠，一个是我自己，另外一个是师父！」

香奈原本发呆半晌，突然间开始放声大哭，刀狩不知其详，问道：「姑娘，妳这是为何呢？」香奈哭得娇音软颤，宫本和猿飞心乱如麻，纵有千言万语，却连一句也安慰不出来，只说：「香…香姑娘…妳别哭啦！船长失踪，我们两个也很伤心难过啊！」、「香…香姑娘…船长他肯定没死…妳先别哭啊！」

香奈哭了多时，强止泪痕：「我…我心目中所期待的大侠，不是像江岚这个样子啊！话虽如此…呜呜…每…每当我有危险的时候，江岚总是会及时出手援救…呜呜…现…现在江岚他存亡未卜…我…我们该如何是好？呜呜呜…」讲完，

痛彻心怀，无奈又是一阵嚎啕大哭。

宫本和猿飞初次见同伴哭成了泪人儿似地，羞得满面红涨，一语不发的呆站不动。刀狩虽然身遭大变，遇上这种萧条光景同样也是愁肠牵挂，毕竟人死不能复生，想一会儿也只好把师父的事暂且搁下，道：「古人总喜欢说：后辈之所以能够青出于蓝，乃是因为大江后浪推前浪。但我看什么大江后浪推前浪？没有前浪的开路，何来后浪之涌？你们船长和我师父同样都是那条先河的拓路之人，咱们既然接受了托付与使命，岂能轻易让他们失望呢？难道你们要为了意气用事，让全四国百姓再次陷入危险吗？」才刚讲完，正要转身推门往室外离开，香奈突然一伸手将自己拉住：「等...等等！」

刀狩转脸一看，见对方长得非常美貌，心想：「这位香姑娘想说什么呢？」香奈擦干泪眼，问：「你意欲往何处去？」刀狩回答：「在船上与妖孽对决的时候，师父曾告诉我一个秘密，在洪荒时期，四大神祇的姓氏分别为轩辕氏、神农氏、伏羲氏和女娲氏。这四位神祇创造了四轮书，各别记载于『天之卷』、『地之卷』、『山之卷』与『海之卷』的经书上。后来有四位青年遵照了天象经纬的指示走遍天下，在极地荒凉的隐僻之处发现了吸收天地山海之日月精华，所酝酿出的幻化灵珠。这四人收集灵珠，并将八颗灵珠铸成神器，使用这股力量解救苍生...」

香奈、宫本和猿飞异口同声，惊喊：「是传说中的四仙人！」刀狩点头：「四位仙人以彩云峡为地界的中心点，先后创立了蓬莱国、郁树国、翠云国和天山国。据说蓬莱国所流传下来的宝典乃是地之卷，相传是轩辕氏所创出的『瞬身仙法』、翠云国所流传下来的宝典是山之卷，相传是神农氏所创出的『飞空术』、而郁树国所流传下来的宝典是海之卷，相传是伏羲氏所创出的『结网仙法』...」

香奈、宫本和猿飞均是恍悟，听到此处已经预先端详

了秘密：「最后天山国所流传下来的宝典则是天之卷，相传便是女娲氏所创出的『玄通召唤术』了？小法师！钟馗大师要我们前往天山国，寻找神祇的后裔？」

刀狩点了点头：「嗯！师父命令我即刻前往天山国，寻找这部天之卷的奇书，据说那经书上记载了玄通召唤术的解禁之法，一旦找到了神祇的后裔和经书，便能够打败四只妖兽，因此我必须要完成师父所托付的使命才行！」

香奈毫不犹豫，决然道：「我跟你去！」刀狩点头：「好！」香奈转身问两个同伴：「你们参不参加？」宫本和猿飞暗想：「天杀的呀！」嘴上却吱吱唔唔，满口应承道：「去...去...当然去！」、「浪人，你真的要去？」、「忍者，难道你不敢去？」、「去...去...我当然也去！」

香奈破口大骂：「真是两个笨蛋！还不给我勇敢一点？我们都会活下来，所以必须替江岚打倒青冥！快把你们两个身上的伤都给治好！大家应该都晓得我们接下来该怎么做了吧？」宫本和猿飞同声道：「先填饱肚子要紧！」

四人离开了空屋，远近村镇聚集了摊贩和商会，什么东西都能买到，非常热闹。四人混在人群中往商帮一探究竟，摊贩都已经各自搭了栏杆和摊架，搬运货物。百姓熙来攘往，有人摆置着烧腊和米酒，叫卖道：「来噢！客官来噢！」

宫本和猿飞早已经饿得没有力气，立刻就木凳上坐定，卖着笼蒸的摊贩舀上一瓢水，端了四碗热腾腾的米汤到众人面前：「来来来！客官要吃点什么？」刀狩吩咐：「给我们四碗清粥就好！」

宫本和猿飞愁眉苦脸的说：「清粥？小法师！那东西怎么能吃得饱？」、「浪人，我没听错吧？渗水的米饭？」刀狩道：「既然如此，那就多加一盘豆腐白菜和清

蒸肉包，二位说好不好？」宫本点头：「很好！就应该要这样！」

猿飞笑吟吟说：「小法师，唯有平穷人才不懂得品尝山珍海味，只晓得清粥是好东西，却不懂得享受鲜鱼活虾和杀猪宰羊的乐趣！」

香奈独自个儿闷着不讲话，凝视着街道远处发呆，忽然听见临桌的客人闲谈道：「真是倒霉！上次出海时，气候突然变得狂风暴雨，天昏地暗！那海浪跟山一样涌起来，岛屿都被遮蔽了。有人跟我说那不是寻常海浪，后来才知那是中秋将近的海潮效应。」

客友问：「海潮效应？」客人回答：「就是秋夕月节啊！」客友又问：「什么秋夕月节？」客人道：「你没听说过那首水调诗吗？明月几时有，把酒问青天。不知天上宫阙，今夕是何年？起舞弄清影，何似在人间？转朱阁、低绮户、照无眠。不应有恨，何事长向别时圆？人有悲欢离合，月有阴晴圆缺，此事古难全。但愿人长久，千里共婵娟啊！」

客友笑道：「啊！那首水调诗啊？是古人在歌颂月宫时所写得诗句吧？」客人点头：「相传每当在秋夕月节，那时也是月亮距离地面最近的时候，又圆又大的月亮会释放出一种力量，牵引住大海，那股引力能够扭曲磁场，使得海面高涨，潮汐的变化让人无法预测，相当恐怖哩！」

客友道：「俗话说神仙妙算的玄机难以窥测，何况这类的灾难，谁能阻止呢？咱们俩前些日子还欢欢喜喜的出海捕鱼，怎么现在为了生计又要发愁了呢？唉！就像那首歌颂月宫的诗句所描述的吧？人有悲欢离合，月有阴晴圆缺，此事古难全啊！」讲完，摇头叹息不止。

摊贩预备了饭菜端上桌，宫本和猿飞嘴里流涎，狼吞虎咽的抓起肉包。刀狩微笑：「二位怎么这么馋？刚一开

荤，连筷子都不使用了，非要用手抓包子全都吃完不成，剩下一些带着途中吃不好吗？」宫本傻笑：「这一顿应该可以再多叫几份肉包，忍者与我身边的银子还有不少呢！」

猿飞诺诺连声，边嚼包子边笑：「浪人！我还可以再多吃三份肉包！」

这个时候，摊贩对街的一座酒楼聚集了许多游客，几个闭月羞花的妓女出门迎接，邀入内堂道：「公子进来泡几壶好茶啊！」、「客官是请客还是小酌？何不进来坐一下，顺便暖几壶酒啊？」

刀狩凝视对街看了一会，暗想：「这酒楼的艺妓美貌超群，看来也不像轻贱出身之人，只可怜落在这火坑里，岂不可惜？」正自疑惑，忽然有四个男子挤开人群，狼狈的逃出酒楼：「快走！快走！洒家可不想被关地牢！」、「妈巴膏子！真是倒霉，怎么想好好快活一顿，都会无端撞见活阎王呢？」、「好个剥皮畜生！没事也会撞见衙门的巡捕，连续这几个月真是霉运当头！」、「兄弟们！那个锦卫门在此不宜久留，我们就此去罢！」

刀狩睁大双眼：「咦！是这四人？」当下看得清楚，心中已猜到了八分。就这转眼之间，四个壮汉疾快飞奔来，摊贩正好端着菜肴送上桌，还未冷透的热汤却连碗带盘一齐飞出，热汤倒翻在宫本和猿飞的身上，劈哩叭啦，溅了一地。

二人大怒，这时无心巧遇那四个壮汉，均诧异叫：「海洋大盗！」

柴进、武松、鲁达和燕青忙着逃命，混乱中也没留意刀狩、香奈、宫本和猿飞正在当地镇上的集贩用膳，随口骂了一句：「好狗不挡路！」冒冒失失推挤人群，扬长远去。

四碗热汤迎面飞来，宫本和猿飞被淋了一身湿，刀狩最为机警，随即起身：「诸位！那巡捕就在附近，我们快走！」宫本和猿飞心中一慌，忙喊：「香姑娘！我们快逃啊！」

刀狩吩咐：「休放那四个海洋大盗逃走，快追！」摊贩拦阻去路，喊道：「喂！客官！你们还没付钱啊！」刀狩怕会惊动敌人，立刻从口袋抄出纸帖，向前一跃，贴在对方的额头上，叫：「得罪！」

那摊贩向后退一步，忽然像块木头似立住不动：「这…这是什么法术？」刀狩、香奈、宫本和猿飞依序由侧奔过，打算先尾随那几个海洋大盗，暗中窥探敌人去向。

摊贩慌张呼叫：「客官！你们还没付钱啊！」宫本回头喊：「咱们亦不想吃霸王餐，只是身上没有银子，饿急了，没办法！」摊贩怪叫：「没银子还敢叫东西吃？拉你去衙门，先痛打六十大板！快回来啊！喂！你们别走！」

刀狩和同伴均晓得锦卫门不是好惹的，趁着街上大乱，赶紧开溜，索性路上行人愈多，多半擦身而过，加以走时匆忙，等到那巡捕掌班赶来，众人早就已经不知去向。

柴进、武松、鲁达和燕青自从离开小镇后，接连遇到可疑形迹之事，隔了几天，彷佛沿途都有人在跟踪，当下为防万一，四人在途中买了面具戴上：「妈巴膏子！咱们好像被人盯上了！」、「是哪个兔崽子，竟然连我武爷爷都敢招惹？」、「若是让洒家揪出那只贼厮鸟，肯定将他打成一只呆头鹅！」、「咱们继续赶路，走得愈远愈好，今夜若能赶出七十里外，便无事了！」

四个海洋大盗为防被人察觉，特意换了装扮赶路，才走半个时辰便觉得腹中饥饿，柴进低声问：「咱们身上只

带了些糕饼、腊肉和炒米，若是再走两天，什么东西也都吃完了，该怎么办好？」鲁达回答：「四弟！不如洒家先去打猎，或许能捉到几只野鸟。」

武松抱怨：「真的要是没食物吃的话，难道眼睁睁饿着等死？」燕青道：「大家莫发愁，要是没食物吃的话，我们也只好抢劫了。眼下咱们身上所带的腊肉、糕饼和炒米，还够咱们四人吃两顿，先吃了吧！」一边说着，一边用小刀将腊肉和糕饼切成薄片，分给同伴三人吃了。

四个海洋大盗嫌那腊肉口感略干，再加上另外两样所吃的糕饼和炒米，无一不是干燥之物，还未吃完，便觉口渴。鲁达先说：「洒家好想喝水呀！」武松道：「二哥，咱们走了半个时辰，没见到什么溪涧泉瀑，该怎么办好？」

鲁达口渴难耐，急得到处寻找水源，额头冒汗道：「难不成洒家今天渴死在此？」燕青也是几乎嘴巴要冒出烟来，渐渐有些头昏目眩：「索性太阳西下，这山中的气候总算不再炎热，情况略好，但我们必须在太阳出来之前，找到水源。」柴进回答：「大哥！据说这座山脉附近有个叫彩云峡的地方，那个彩云峡号称是四国境内第一高峰，平时山上经常起雾，雾气将整座山峰笼罩住，就像是迷幻森林，美不胜收！」

鲁达急问：「那地方有水喝吗？」柴进点头：「彩云峡正是因为山灵水秀而闻名，当然有水可喝！」武松笑道：「熊样的！那太好了！咱们快走！」

燕青思索：「彩云峡若是因为山灵水秀而闻名，必定为树木茂盛之地，若是在那地方藏身，应该不易被锦卫门找到。」

四人渴急寻水，不顾别的只顾往彩云峡的方向赶路，走了半个时辰远远听见淙淙泉声，鲁达急问众人：「大家

可曾听见水声？」武松回答：「听是听见了，只是不晓得能否找到水源？」

鲁达急着喊：「三弟你真是胡涂！既然听见泉声，还怕找不到水源吗？」燕青道：「二弟，你稍微息怒！我猜这水源肯定距离我们不远，大家快点四处搜寻，不怕渴死没有水喝。」

柴进道：「相传彩云峡曾有巨兽出没，找不到水喝不要紧，要是遇见妖兽来攻击我们，那才糟糕呢！」鲁达道：「荒谬！洒家打从出生，连半个妖怪都没见过，偏偏这座山上会有妖兽？四弟你别吓唬人，咱们在困境中应该互相鼓舞，现在水声愈近，水源肯定在前方不远，不如由洒家带路！咱们快走吧！」

燕青、武松和柴进虽未找到水源，听了同伴这番话也是精神大振，鲁达赶到前方寻水先饮，四人正在说笑，山上突然传来一阵鸟啼声。

那鸟叫声极为清脆，鲁达喊道：「在这里了！」讲完，一个飞步奔上山坡，燕青、武松和柴进尾随在后，离地两尺处忽见一条山泉瀑布，水流之处立着许多块岩石，泉水顺着蜿蜒曲折的地势坠落，环山而流。

眼看水花从离地数尺高的岩壁缝隙激迸出来，四人晓得近处必有泉涌，仔细留神一望，有个女孩手舞足蹈的站在雾中，脱下湿衣，用泉水洗了洗手，再用双手合拢捧起来饮，喊问：「四位怎么不下来取水喝，莫非在等哀家吗？」

燕青、鲁达、武松和柴进贪那佳人美景，喜出望外地连忙高喊了几句仙女，沿着山壁跑下去：「二弟啊！今晚我们有好地方快活了！」、「这般好地方！就是彩云峡了吗？洒家真舍不得走呢！」、「二哥，平时见你总是火爆脾气，看见那仙女也不知道藏着毒蛇猛兽没有？也不先商

量一下就跑下水，看来可要把你喜欢坏了！」、「大哥、二哥、三哥！没想到彩云峡居然是这等好地方？看来就算神仙，也非到这里来隐居修道不可了！」

燕青、鲁达、武松和柴进笑嘻嘻的跳入池子，两袖透湿，正打算脱下身上的衣裤，耳中突然听得一片轰隆之声：「咦？发生什么事情？」

四人在泉雾中看见千百条雪白色的羽毛拉长开，正在惊疑不知那是何物，鲁达忽然失声喊叫：「母大虫啊！」

燕青、武松和柴进闻言再定睛一看，纷纷大惊失色：「怎么仙女竟然变成了母大虫？这可怎么办好？」还未及反应，那白色羽翼的巨鸟已经扑向四人，池中波浪高涨，汹涌激荡，转眼之间山壁的石路都被洪水所淹，进退两难。

燕青、鲁达、武松和柴进原先还当成奇景只顾观看，待见波澜壮阔的水势滔天，又想到脚下石阶都为水断，才着起急来，吓得怪叫：「快往上爬！快往上爬！」

这时，池塘水面狂风大作，抬头一看，那只白色羽翼的怪鸟已经隐入云中，四个海洋大盗虽然没有看清巨鸟面目，只见到一点影子，却也吓得脸色苍白。

正在焦急，那只白羽巨鸟发出几声悲鸣，两翼一使劲，突然又折返回来，扑向四人。眼看燕青、鲁达、武松和柴进正要被啄个肚破肠流，忽听悬崖上有人喝叫：「啊！是鬼域鸟！」、「妖孽！居然躲在此！」

鬼域鸟尚未接触海洋大盗，刀狩却已经展开全身本领，两手援藤滑下：「四位别动！」双手抓着藤萝跳下，脚一落地，立刻抄出灵帖喊：「结界术！八柱牢之门！」

险峻的山壁原本聚雾不散，忽变得气朗天清，阴霾为

之一去，望不见半点影子。许多不知名的奇花异草破土而出，结成一张藤萝树网，鬼域鸟忽见山壁上的树网将缝隙全都遮蔽，急忙收拢双翼，从网洞中穿云而上。

悬崖下的景观顿时变得树小如芥，人小如蚁，刀狩与海洋大盗见巨鸟冲上云端，白茫茫尽被云层遮蔽，一时之间也看不清楚巨鸟飞到了何处。燕青、鲁达、武松和柴进略一迟疑，忽听得刀狩催其回转叫：「别发呆！快趁现在爬上山来！」

燕青、鲁达、武松和柴进认得对方面貌，虽然恨在心里却不好意思寻人报仇，吓得爬上悬崖：「快走快走！」、「哎哟！那贼厮鸟又飞下来啦！」、「鸟崽子！那母大虫居然敢攻击我武爷爷？」、「啊！母大虫追来啦！不好了！母大虫追来啦！」

四人连声呼哨，手忙脚乱的爬上悬崖，刀狩突然对着远处招呼：「三位也快起身！咱们大家赶紧离开这个地方！」

惊恐之余，海洋大盗还没搞清楚发生啥事，瞥见香奈、宫本和猿飞从草丛探出头，迎面奔来：「可恶！怎么又是那只怪鸟？这群妖怪还真是阴魂不散！」、「小法师！原本不是要来跟踪逮捕他们的？干什么要救强盗呢？这真叫人难解呢！」、「小法师！咱们误打误撞成了巧遇，浪人与我是跟着来擒贼的，你却反倒救助他们，这不是引狼入室吗？」刀狩回答：「此地不宜久留，三位快先离开！」

燕青、鲁达、武松和柴进均是「咦」的一声，表情甚是惊讶，面面相觑道：「什么？原来你们四个暗中跟随，要来缉补我们？」、「呆鸟！你们四个有何用意？洒家绝对饶不得你们！」、「四只泼猴原来不怀好心呀？」、「哎哟！大哥、二哥、三哥！母大虫又追过来啦！」

刀狩没空解释，催促：「四位快逃！有什么恩怨，等制伏了妖怪再说！」猿飞在远处喊：「小法师！你已经激怒了贼头陀，敌人还可能会与我们善罢罢休吗？」

鲁达怪眼圆睁，骂道：「臭小厮！你骂谁是贼头陀？洒家可是一名花和尚，只因为看破世情，才入空门剃度的！难道剃度之人都叫做贼头陀？真是岂有此理！」

宫本喊道：「咱们原本打算将你们四个海洋大盗引出来，趁机为四国百姓除害，没想到小法师一时心软，却招惹到了一个不该招惹的妖怪。」刀狩摇头：「妖兽与人不可混为一谈。」燕青哈哈大笑：「怪不得要做好人，原来是另有企图？」

刀狩出师不久就遇上了强敌，心中极为烦恼，索性按照钟馗所传授狂草七律的口诀，加上近来的实战经验，结界术的武技奥义大有进展，思索：「在练成昆沙天门、八柱牢之门和三重罗生门之前，绝对不能强行拼命。光是一只鬼域鸟就难抵挡了，神火飞鸦、万年巨鲤和八岐大蛇若在近处，我等力不能敌，尽可能想办法避开，以求保全实力。」

海洋大盗知道对方四人颇为厉害，狭路相逢遇见了敌人虽恨得牙痒痒，此时此刻却也不敢轻举妄动。但又不甘心就此罢手，还在犹豫，鬼域鸟已经飞近了众人几尺，柴进再喊：「大哥、二哥、三哥！母大虫追过来啦！」

燕青的心中略一转念，忍住气说：「今日得你们四位后辈相助，真是平生之幸，咱们海洋大盗欠你一份人情。」刀狩回答：「有什么事情，日后再行领教，快点走吧！这边让我应付！」

猿飞喊道：「喂！你们几个强盗还不快逃？咱们本来打算捉你们的，现在却反倒变成救了你们，你们若不赏脸，小法师可是冒着生命危险白费力气了！」武松回答：

「赏脸不如赏钱，我武爷爷只看得见钱，谁需要脸？」

　　宫本怒道：「吃人口软、拿人手短，你若识相，就快点走吧！你们这些海洋大盗想骗咱们银子，那可不行！忍者与我再怎么傻，也不会傻到把家当送给你，你说是吧？」武松怒道：「好个剥皮畜生，嘴巴放干净点！我武爷爷要钱，可不是一个讨钱的！我武爷爷喝酒，也不是一个讨酒的！」

　　双方又在争吵，突然一团黑影从顶上飞过，柴进惊喊：「天啊！是母大虫！」

　　众人吓得举起刀剑乱挥舞，鬼域鸟不肯死心，回转身再飞扑下。刀狩用结界术将悬崖封锁，飞瀑与两边山崖尽被藤萝和枝叶遮蔽，丰草绿茵的花树逐渐收拢，瞬间缩得只剩半尺方圆。

第十二章 八柱牢之门

　　且看那八柱牢之门的结界面积不大，乃是由青松翠柏形成的一条甬道，飞瀑撞击，溅起了数丈高的水花，绕过结界，从旁边分流开，滚滚而落。

　　瀑布的鸣声震耳欲聋，燕青、鲁达、武松和柴进跑得力竭神疲，背贴洞壁，一蹲身便从树根下爬过，探头向甬道外一望。那结界之门的洞外出口，乃是八株古树旁的一个空穴，山高寂静，水流淙淙。

　　茂盛丛草遮蔽着半山垂落的瀑布，远处悬着两块巨石匾额，隐隐现出「天地」和「山海」四个大字。香奈、宫本和猿飞随即也逃出甬道，均叫：「啊！大家小心！」、「忍者！香姑娘！小法师！大家留神！」、「哎哟！浪人！对面是天地坪和山海坪啊！」

　　刀狩留守在后阻挡鬼域鸟，使用轻身飞跃之法，尾随着三人奔来，心惊：「糟糕！没路可逃了吗？」

　　顿时前方隐现出一片阔有百丈的空穴，八株古树的危崖更是陡峭，索性四人机警，窜出甬道之后没有坠落崖下。仰头再往对岸山壁看去，天地坪和山海坪的石刻大字一览无遗，刀狩只顾着施展结界术，心中却无把握能击退妖兽，当下突然煞住双脚，几乎摔倒，喘气吁吁叫：「诸位！快跳下瀑布！」

　　「小畜生！你疯了吗？这悬崖下是几百丈高的峡谷啊！」武松先在一块盘石上坐定，口中仍是不住怪叫，燕青、鲁达和柴进均是累得气喘如牛，喝道：「小法师有何指示？咱们现在该怎么办？」、「小法师，快点施展法术，带洒家离开此地啊！」、「哎哟！母大虫要追上来

了，我命休矣哟！」

刀狩顾不得悬崖下的落脚所在何处，又唤：「诸位！快跳下瀑布！」

武松低头看着悬崖下，未免有些胆怯，欲前又退了犹豫几次，一口唾沫吐到地上：「呸！熊样的！你要我们四个白白送死吗？你自己怎么不先跳？」宫本回答：「少啰嗦！都怪你们太吵，引来妖怪上门！」

鲁达怒喝：「呆鹅！你说什么？瞧洒家把你们两个做成人肉叉烧包！」柴进问：「二哥，那是什么玩意儿？」鲁达又骂：「闭嘴！」柴进暗想：「二哥怎么突然骂人呢？真是莫名其妙！」

刀狩规劝：「诸位！大家都只是想要活命对吧？若是跳了，或许还有生还机会，若是不跳，肯定就是死路一条！」

宫本和猿飞也害怕自己跳崖会摔个粉身碎骨，因此期盼海洋大盗充当先锋，先到谷底探个究竟，因此不愿再和四人争论，予以表面敷衍道：「是啊是啊！小法师说得不错！跳下悬崖或许性命难保，但仍有一线生机！你们四个别那么没出息！快点跳下去吧！」、「是啊是啊！浪人说得不错！不经历辛苦艰难，如何能成得了大事？来日方长，只要留得住青山，不怕没柴可烧！你们只管跳下悬崖，其余的置之度外就是了！」

鲁达瞪大圆眼，骂道：「来日？来日有什么用处？你咒洒家活不了几天？你俩怎么不先自己跳？」猿飞问：「哎呀呀！怎么突然又发怒呢？」鲁达回答：「闭嘴闭嘴！你们这两只呆鹅！」

还在争论，悬崖下突然涌起一片云雾，也不晓得几百丈深，四个海洋大盗正要折返甬道，鬼域鸟夹带着尘沙往

众人飞来。

「留神！」刀狩两腿蹲下，按一个鱼跃龙门之势跃到宫本、猿飞和香奈近处，抄出灵帖遮护：「诸位快趴下！」

燕青、鲁达、武松和柴进相距悬崖较近，突然间不慎被鬼域鸟的风势扫中，全身失了平衡，翻滚而下：「啊呀！」

四人没滚几圈便到了悬崖尽头处，一时情急，拼命转身想用手去抓地上草根，心里均喊：「我命完了！」怪叫两声，四个海洋大盗分别坠落了百丈高的悬崖，消失不见。

鬼域鸟浑身雪白，一对绿黝黝的眼睛盯着猎物，降落在悬崖上，横开双翼，比起先前所见的样子更为凶猛。刀狩心想自己既然已经豁出性命，也就再顾不得前途危险，当下见到这只巨兽反而动了好奇之心，不由倒胆壮起来，冷静的问：「我们已经无处可逃，妳何不以原形相见？」

过得片刻，鬼域鸟的白色羽毛突然化为万缕轻烟，飞舞而散，一个女子满头秀发披拂着两肩，赤着一双白如霜雪的秀足，端坐在盘石上，笑呵呵问：「我见你们四个这般胆大，居然敢跟哀家作对？怎么？不敢跳崖了？你们也有害怕的时候吗？」

宫本和猿飞鼓着嘴道：「谁...谁说我们在怕？忍者与我死都不怕，有...有本事尽管放马过来！」、「是啊！是啊！浪人与我轻忽大意，上次不慎让妳逃跑，这次肯定打败妳！尽管放马过来吧！」

姬旦虽然长得天生丽质，性情却是极为孤傲，竟被激怒，冷笑：「还不懂得省悟吗？爱拼命的人大多会早死，二位还是别耍嘴皮子的好。」

宫本和猿飞见对方不纳良言，心里不悦却又不敢主动出击，二人心里忧急起来，不禁形于颜色：「忍者！咱们现在该怎么办好？」、「浪人！那女人不吃这套啊！不如咱们一起围攻她吧？难道我们四人还斗不过她吗?」、「蠢蛋！你脑袋坏了吗？怎么能拿她和寻常人相比？这女的可是一只妖怪呀！」

姬旦浅鬘轻笑，道：「你们这些蝼蚁之辈，祸神的力量对你们来说太过强大了，不过别担心吧！你们得永远在此长眠了，马上就会没有任何感觉。」

刀狩厉声喝：「妖孽！我且问妳！你们到处在寻找神祇的后裔，真是打算利用女娲特殊天赋的血统，开启玄通召唤术的灵界之门，召唤出混沌状态的祸神，摧毁四国？」

姬旦笑道：「小公子，你此时操心只是徒劳费神，无济于事啊！」刀狩喝叫：「快回答我！」

姬旦点头：「在很久以前，有两个大神争夺天地，并在这世界留下了极大灾害，每六万六千六百六十六年便会有灾难发生。后来祸神被封印于混沌之中，青冥、释海、琥珀与哀家从封印的魔像之中解放出来，咱们需要藉由神祇后裔的血液，在月亮距离地面最近的时候解开祸神封印，开启通往妖界的混沌之门。」

刀狩听出话里有因，突然又想起四妖在船上的一段对话，当时的释海询问：「青冥大人，要不等老头子把这几人清理善后完了，再驾这艘船航向原初之海？」青冥点头：「要何时抵达原初之海，那都无所谓。」姬旦道：「青冥，咱们何必忙在一时呢？距离下次涨潮的时间，大概还需要六个多月。」当下立时恍然大悟，失声惊叫了一声：「啊！我明白了！」

宫本和猿飞同时问：「小法师？你明白了什么？」刀狩喝叫：「妖孽！我且问妳！下次涨潮的时间是在六个月后，开启混沌之门并召唤祸神的地点，便是原初之海？」姬旦笑道：「正是如此！」

刀狩怒道：「妖孽！留在世间终是大患，今日必须将妳除去才行！」宫本和猿飞跟着附应：「是啊是啊！妖怪！危机将临，还不省悟吗？」、「浪人！人就算再怎么冥顽不灵，最多也只再蹈一次覆辙，但这妖女的恶根孽骨乃是有生俱来，秉性如此，留这祸胎将来必定后悔受害。不如咱们送她一程，升天到极乐世界去吧！」

姬旦面貌绝美，风韵妖艳，眉目之间突然隐蕴杀机，狞笑一声，披散着满头秀发冲向四人：「你们几个莫再夸嘴了，过来吧！」

刀狩忽喊：「留神！」宫本和猿飞吓得怪眼圆睁：「啊！忍者！她过来了！」、「哎哟！浪人！救命！」刀狩一个飞身挡住去路：「三位！退后！」当下施展出结界术相生相应，双方进攻猛烈，一触即发。

姬旦原是断定敌人身陷危境，早将四人认作为网中之鱼，却不晓得自从刀狩获得了四轮书的海之卷后，仙法大进，再加上自己并未使用兽化术而恢复本来面目，一时之间倒被攻得措手不及。

话说自从香奈与江岚分离之后，一直变得魂不守舍，宫本和猿飞在面对强敌又是举棋不定，唯有仗着刀狩的结界防御，才能保持己方无败之势。刀狩以静御动，但想帮助三名同伴脱身却是万难，谨待时机，以谋脱身之策：「可恶！若是其它三只妖怪追来，那就糟了！」

正念此处，忽然天空中有一团黑影飞过，恰似灵鸟，将天地坪与山海坪的景观挡住。就这一转眼工夫，风声呼飒，那黑影疾如风的滑翔飞落，刀狩、香奈、宫本和猿飞

再看空中，一只灵鸟羽毛纷飞，宫本先喊声：「是天灵兽丹凤凰！」猿飞也叫：「太好了！浪人！援军来了，咱们得救啦！」

四人忽遇救星，均想：「有人使用了万古神器召唤四象兽，必须想办法拦住这妖怪才行，若是让她逃走，就不妙了！」

此时正值紧要关头，若是被鬼域鸟逃走那可是前功尽弃，刀狩有灵帖护身，无足为虑，一个健步冲向姬旦，喊道：「结界术！八柱牢之…」

姬旦也察觉情势可疑，抬头望见丹凤凰包围夹攻，两条玉臂立刻化成羽翼，忙将一双翅膀展开，往上飞起：「什么鬼东西？竟敢来捣乱？」

丹凤凰乃是由万古神器之铜镰刀所召唤出的四象兽，全身赤红，羽翼所掀起的旋风能够摧毁房屋，号称为掌管风之天灵兽的神鸟。

姬旦瞥见丹凤凰振翅冲下，跃出悬崖，立刻用兽化术变成鬼域鸟逃向空中。一阵强烈旋风从身旁呼啸而过，半壁山崖被突如其来的狂风一扫，刀狩、香奈、宫本和猿飞均被吹翻倒地，披头散发，伏低身喊：「小心风大危险！诸位趴着别动！」、「哎哟！怎么刮起一阵怪风？」、「浪人！风力会把这座悬崖给摧毁的啊！」

鬼域鸟没料到竟会遭受空袭，扩开翅膀，涉险从山壁的中央穿行而过。说时迟那时快，丹凤凰瞪着一双利眼扑向猎物，鬼域鸟连振翅膀却飞不上高空，两只巨鸟利爪互勾，红白羽毛满空飞舞，愈战愈烈。

眼看姬旦所羽化成的白鸟处于下势，惊慌想逃却飞得不高不低，两只巨鸟生死相搏，每次鬼域鸟隐遁想逃，丹凤凰便飞前拦阻，两只巨鸟就这样纠缠几回，进退两难。

刀狩、香奈、宫本和猿飞在悬崖上看不清楚天空战况，只见远处一根巨大的黑风柱突然涌现，转来转去，把岩石和古树卷到高空冻云层，消失不见。猿飞惊喊：「浪人！那是丹凤凰的苍穹天劫啊！」宫本回答：「忍者！那柱旋风若是卷过来这儿，咱们可就死定啦！该怎么办？」

刀狩指着天空叫：「诸位！快看！灵鸟飞过来了！」宫本和猿飞吓得睁大眼：「啊！咱们死定啦！」

不料丹凤凰纠缠猎物一阵之后，却又突然放弃了追逐鬼域鸟，巨爪扑下，栖在半壁悬崖。刀狩见巨鸟颇有灵性，心想：「咦！牠为何落降在此？」

丹凤凰借着两翼兜风之力平稳停住，迟疑半晌，刀狩这才醒悟：「是了！牠打算载着我们去追敌人！」念及此处，立刻招手对同伴唤：「诸位！快爬上灵鸟的羽背！」

宫本和猿飞护着香奈奔向巨鸟，刀狩率先跃上羽背，四人乘着丹凤凰腾云驾雾，瞬间飞往高空。眺望山谷下的森林，树小如芥，抬头看时，视线已被厚密云层遮蔽，霎时忽又云消雾散，青红绿紫的琼花瑶草，别有洞天。

刀狩和同伴乘着灵鸟，瞬间抵达了彩云峡山顶的高原，鬼域鸟毫无藏身处可躲，一个侧转速度增快，收拢双翼，向下滑翔。

丹凤凰跟着收住双翼，像疾箭脱弦似冲下地面，离地三尺忽又冲霄而起。刀狩、香奈、宫本和猿飞牢牢抓着羽背不敢乱动，双脚夹紧喊：「糟糕！速度太快！咱们会被风势抛开的！」、「啊！浪人！我好害怕！」、「少啰嗦！忍者！我也很怕啊！」

两只灵鸟仗着风力搧动翅翼，前追后逐，一会儿从草原上滑翔而过，一会儿又飞向碧霄万里的蓝天。

四人乘着丹凤凰从晴空碧天之中飞过，低头遥望远处一看，瞥见彩云峡山顶的高原突然现出一群骑兵。那群军队手中的长鞭迎风一挥，接连在轻骑背上打响几鞭，马匹后方涌起一团尘沙，往鬼域鸟飞行的方向急驰而去。

仔细一看，领军的银鬃白马来势极快，转眼之间相隔渐近，马鞍上的骑兵身量不高，伏低前胸贴在马背上，任那快马疾驰，一手拉缰，一手举起万古神器，喊：「快跟着俺来！」

刀狩低头俯瞰，忽见那男子竟将缰绳扣在马鞍上，同时双腿一夹，银鬃白马嘶叫一声跃过山壁的岩石，此人骑术本领之高可想而知，暗惊：「咦！是四国境内的军队吗？」

宫本和猿飞见领军的男子手中握着铜镰刀，诧异均喊：「忍者！那柄万古神器！」、「浪人！是郁树国的昆仑郡主！」二人稍感宽心，毕竟风之天灵兽的丹凤凰突然出现在彩云峡附近，料有原故，索性是同伴支持，否则类似神火飞鸦、万年巨鲤或者八岐大蛇这类的妖兽再度干扰，众人的苦力便不免于前功尽弃了。

那个昆仑无畏山势险峻，骑着快马奔驰在前方，虽然鬼域鸟的速度不在快马之下，迎头正遇着轻骑部队夹击，一时之间也无法甩脱敌人追逐。

这个时候，后方的丹凤凰不知不觉地又追近了猎物三尺距离，骑着快马在草原上奔驰的士兵，突然再向鬼域鸟射出几箭。鬼域鸟受了惊吓回转飞逃，丹凤凰豁然惊觉，振翼侧飞想要避开，鬼域鸟从旁掠过。刀狩、香奈、宫本和猿飞抓紧着天灵兽的羽毛不肯放松，一个不慎，竟被风势抛出天空：「糟糕！」、「啊！要摔死啦！」

昆仑骑在马鞍上，高举铜镰刀喊：「旋风柱！」

　　丹凤凰扩展两翼搧风之力，刀狩、香奈、宫本和猿飞被卷上天，俯瞰山下云雾迷茫，头顶却是晴霄万里。四人腾在半空，可见万团云彩漂浮周围，远近的山脉、岛屿、溪流和海洋尽是奇观。

　　刀狩和同伴荡在半空中，大气压力将衣袖吹个柔活，宫本紧抓着香奈和猿飞的手腕，不肯放松：「小法师！我们现在该怎么办？」、「浪人！咱们要摔成肉泥啦！」

　　「无法替师父报仇，难道今日的我就这样丧命于此？」昔日旧忆像是灯影戏一般，四轮书的海之卷与狂草七律的口诀，一幕接着一幕相继浮现于脑海，刀狩摸出纸帖，在半空中喊：「幻之结界术！三重罗生门！」

　　彩云峡高原的山壁突然剧烈摇晃，只听见地底传来一阵响动，轰隆声震得岩石裂成大缝，两扇巨大铜门彷佛石笋似冒出地面，岩壁倒塌，到处都是坠石阻碍。

　　尘雾弥漫，昆仑所率领的轻骑部队原本向前奔驰，若是逞强恐怕瞬间就被千万斤坠石压成肉泥，也被震塌下的巨岩砸个脑浆迸裂，索性及早折返退路，还不至于绝望。迎面袭来的尘土呛得众人鼻口难受，耳边只听一阵轰隆崩塌之声，虽然大伙儿的头颈和衣裤均是蒙着一层灰沙，当时还算闪避得快，无人受伤。

　　待得沙尘散去，顿时只见两扇百尺厚的石门高达峰顶，刀狩、香奈、宫本和猿飞站在巨门上，脚下山谷景观虽好，四面危崖的地势却让人未免有些胆怯。刀狩浑身酸痛，咬牙切齿道：「可恶！居然只成功的开启了两扇铜门！」

　　两扇巨门纹丝不动，像是参天古树竖立在彩云峡高原，气势雄伟，嵌入了岩壁断层的合缝。宫本和猿飞庆幸自己没有坠落深渊峡谷，双腿一软，跌坐在地：「哎哟！

忍...忍...忍者！吓死我啦！」、「浪...浪...浪人！咱们两个福大命大，侥幸没摔个粉身碎骨呀！」

二人晓得若是跌落了彩云峡的谷底，就算不摔成肉泥也会被潜流卷走，难逃活命。刀狩却仗着一时机警用灵帖开启了结界术的三重罗生门，四人落坠之处乃是石门上方，如今这般遭遇却是谁也料想不到的情形，尽管跌得四脚朝天，总比摔个遍体鳞伤来得好。

刀狩一时着急，也顾不得伤处疼痛，回头对着三个同伴喊：「诸位！只有一只妖兽在此，无足为虑，你们快想办法叫那只大鹏鸟围困牠，我用结界仙法将其诛灭！」

宫本、猿飞和香奈并无把握是否能劝得丹凤凰发动攻势，还在犹豫，相隔远处突然又飞来了一只巨鸟，众人睁大眼看，惊叫：「是神火飞鸦！」

当初自从江岚和刀狩发生了船难之后，青冥、姬旦、释海和琥珀便折返四国，继续追寻神祇后裔的下落。至此数别相隔几日，青冥依旧没有打探到新消息，姬旦与释海二人能使用兽化术变成鬼域鸟和神火飞鸦，寻人自然方便，无论翻山还是越岭，都比任何野兽更容易打探到新消息。

虽然连续打听了几天始终毫无消息，不巧鬼域鸟幻化成女体，正在彩云峡的山泉沐浴，却遇上了四个海洋大盗。刀狩和同伴暗中尾随，原本还想将这四个漏网恶贼交给衙门，以作那一劳永逸之计，没想到鬼域鸟这类凶险的妖兽平日还遇不见牠，这时恰巧发现当然更要除灭，怎么可能放过机会？于是双方狭路相逢，后来丹凤凰又将鬼域鸟诱往彩云峡的高原，并与轻骑部队会合，群起来攻。

回到当下，只见碧晴的天空有一黑点逐渐移近，神火飞鸦斜着左翼飞来，翅膀羽毛燃烧着熊熊烈焰，在日光照处显得更是耀眼。

抬头往天空一看，神火飞鸦所散发出的火焰非常强烈，宫本和猿飞吓得说不出话，忽觉有人扯住衣角。低头一看，正是香奈，二人不由倒胆壮起来，呼唤：「香姑娘！」

香奈瞪着空中的鬼域鸟和神火飞鸦，喊道：「分个胜负吧！你们觉得你们能够打赢我们吗？分个胜负吧！我已经不想再失去任何同伴了！」

「糟糕！危险！快点闪开！」眼看神火飞鸦就要扑向三人，刀狩把心一横，使用轻身飞跃之法跳到了香奈、宫本和猿飞身前，脚才着地，立即抄出灵帖喊：「幻之结界术！三重罗生门！」

当下也顾不得有何凶险，决定死中求活，突然前方好似被山壁堵住，一扇巨大石门直撑天顶。神火飞鸦猝不及防，震天一个霹雳迎头撞上，轰隆之声回荡在彩云峡谷，远看好似浑圆一团火球坠落天际，半空中黑云弥漫，照得山谷通明。

刀狩喘一口气：「嘿…火鸟撞石…终…终于晓得三重罗生门的厉害了吗？你这只泥塑木鸦，吃了苦头，总算该长点阅历了吧？」

鬼域鸟距离石门约有十丈远，盘旋在空中观察战况，一见神火飞鸦迎头撞击了结界却撞得门塌石崩，立刻往上飞升，逃向远方。

三层坚如巨岩的石门按着前后排序，宫本和猿飞原本险遭不测，索性刀狩及时使用结界术阻挡了神火飞鸦的攻击，连称好险：「忍者！吓死我了！差点儿就被老乌鸦啄得肚破肠流了！」、「浪人！遇上这等妖怪，有九条命都不够玩啊！」

二人才刚讲完，忽觉身子似被什么力量吸着下沉，低头惊看，脚下石门像是泻瀑一般陷入地壳。不消片刻，落地之后再无动静，宫本和猿飞只觉得脑袋天旋地转，头晕目眩，香奈却已经不省人事，浑身酥软的卧倒在地。

刀狩开启三重罗生门的结界术后，消耗了巨量灵能，浑身也同样失去知觉，软瘫在地。等到双眼睁开醒来一看，自己早已睡在一个帐篷内的软墩上。宫本、猿飞和昆仑郡主围在身旁，回忆前情彷佛作了噩梦一场，不由大叫：「啊！妖孽！妖孽在哪？」

猿飞抢着说：「小法师，你终于醒啦！」刀狩问：「我...我昏迷了多久？」

昆仑走来道：「小兄弟，你的体力消耗过多，昏迷了半个时辰。俺吩咐人将你抬进帐篷，虽然你的伤势不重，但是耗损了大量灵能，仍须静养数日才行。俺会派人准备几件衣物留你暂时穿用。你先静养，等体力恢复了再下床走动。」

刀狩神志一清，猛想起自己强行催动灵能开启了三重罗生门的结界术，又急又怒：「可...可恶...鬼域鸟和神火飞鸦...那两只妖孽应该还没逃远，必须要尽快除灭牠们才行！」

昆仑问：「对了！江岚小兄弟呢？俺怎么不见他和你们在一起？」

「昆仑郡主，事情的经过是这样的...」猿飞叹了口气，将众人在海上遇难，以及捆仙绳被青冥、姬旦、琥珀和释海损坏的经过都详尽描述清楚，讲到伤心处，还差点儿嚎啕大哭。

昆仑不由得暗暗惊诧：「什么？捆仙绳和玄冥龟被那四只妖兽所毁了？」猿飞道：「昆仑郡主，您不晓得牠们

的本领有多厉害，那四个家伙变成妖兽时，大蛇、鲤鱼和怪鸟的皮肉比铁还要坚硬呀！害我们都不敢再返回海上寻找船长了！」

昆仑闻言变色：「看这情势，就算俺用铜镰刀召唤出丹凤凰，恐怕也是寡不敌众了。」刀狩道：「大人，那三男一女的妖怪联合起来，可比四象兽还要厉害，若是遇上了，千万不可逞强使用四象召唤术。」昆仑点头：「俺晓得了！」

宫本突然转个话题，又问：「对了！昆仑郡主，咱们不巧被妖兽追杀，后来跟踪海洋大盗来到此地，但是您怎么会出现在彩云峡呢？」昆仑解释：「不久之前，雷少主差派探子，千里迢迢的从翠云国赶来郁树国报知敌情，并将妖兽的事告知于俺。俺立刻率领轻骑队前来彩云峡探查消息，正巧遇见了你们几位。」

猿飞叹一口气：「昆仑郡主您来的真是时候，咱们四个与海洋大盗和怪鸟恶斗，浪人与我原本打算助小法师先斩了鬼域鸟再逮住海洋大盗，可惜那怪鸟实在太厉害了，再加上后来又惊动了火焰飞鸦，多亏您用万古神器召唤出天灵兽，否则咱们几个差点就性命不保哩！」

猿飞将神火飞鸦说成了火焰飞鸦，昆仑丝毫不以为意，只点头：「在郁树国造成混乱的鱼妖，当时也在场吗？那鱼妖在山势险峻的高原虽然不易伤人，但若发动洪水，也可能会将附近数百里的森林淹没。看来这些妖兽本领高强，万古神器敌得过敌不过，可很难说，你们现在先专心养伤，其它的俺不如缓时再想办法。」

刀狩急忙追问：「大人！那只凤凰鸟是您所召唤出来的四象兽吗？那么大本领，若是加上师父与我的结界术，应该有九成把握打赢那四只妖兽才对！」昆仑反问：「小兄弟，先前俺见你对付怪鸟的时候，使用灵帖施展出巨石阵，那是什么样的武技奥义？」

刀狩解释：「那是幻之结界术的其中一式，名叫三重罗生门，乃是透过灵能开启三道岩石巨门，封印兽类妖怪的一种武技奥义。」昆仑惊讶：「这种招式现在还流传在这世上吗？」

刀狩道：「大人可曾听说过此类的结界术？」昆仑点头：「俺听说过。」

宫本和猿飞二人听得满头雾水，均想：「原来小法师所施展出的巨石阵，是一门修仙练气的功夫？」昆仑继续又问：「小兄弟，你可是护国禅师的后裔？」

「咦？这人说的话竟和师父描述的有所出路，祸从口出，我必须谨慎回答才行！」刀狩故意装傻，摇了摇头：「谁是护国禅师？我...我不认识。」

昆仑思索半晌，解释：「相传在远古时期，这片土地上一共有四族神祇，分别为女娲氏、轩辕氏、神农氏和伏羲氏。女娲氏将玄通召唤术的奥义记载于天之卷，轩辕氏将瞬身仙法记载于地之卷，神农氏将飞空术的秘诀记载于山之卷，最后的伏羲氏则是将结网仙法记载于海之卷当中。这四卷经书所流传下来的宝典，称之为『四轮书』，据说是后来四仙人所依靠而收集到八颗灵珠的关键法宝。四仙人靠着这些本领走遍天下，在极地荒凉的隐僻之处发现了天地山海的幻化灵珠，使用这股力量解救苍生，并创立了天山国、郁树国、翠云国和蓬莱国...」

猿飞忍不住打岔：「昆仑郡主，您怎么会晓得那么多缘由？」昆仑解释：「其实在五百年前，郁树国曾经发生过宫廷斗争，当时有一位护国禅师趁着内乱盗走了记载结界仙法的海之卷，那滚动条也在人间从此遗失了。」

宫本也抢着问：「昆仑郡主，原来这些奇门遁甲的巨石阵法术，是从郁树国传来的吗？怎么忍者与我从没见您

施展过呢？」昆仑脸色一沉：「海之卷在很久以前就被人盗走了，俺怎么会懂得这些武技奥义？」

刀狩怕众人闲聊的话题又会扯上自己师父，到时海之卷藏在轩辕山的秘密可就会被人揭发，急忙转开话题，暗喊一声叫：「不好！」宫本和猿飞望着他看：「怎么了？」刀狩问：「二位还记得那女妖先前所说过的话吗？」

宫本和猿飞面面相觑：「什么话？」刀狩道：「二位还记得先前那女妖所讲的事吗？她说：在很久以前，有两个大神争夺天地，并在这世界留下了极大灾害，每六万六千六百六十六年便会有灾难发生。后来祸神被封印于混沌之中，四只妖兽近日却又从封印的魔像之中解放出来，需要借由神祇后裔的血液，在月亮距离地面最近之时，解开祸神封印，并开启通往妖界的混沌之门。」

猿飞吓得脸色苍白：「小法师，咱们该如何阻止牠们？」刀狩解释：「那四只妖兽打算将船驶向原初之海，在六个多月之后的涨潮之汐开启混沌之门，看来那叫原初之海的地方，便是牠们召唤祸神的最佳地点了。」

宫本道：「小法师，前提是牠们要先找到神祇的后裔，才能利用潮汐开启混沌之门吧？」刀狩点头：「正是如此！」

昆仑思索半晌：「咦？六个多月之后吗？」宫本问：「昆仑郡主，您想到什么没有？」昆仑回答：「六个多月之后...俺记得那时...好像正是接近秋夕月节的时期。」刀狩、宫本和猿飞异口同声，叫：「秋夕月节？」

三人的脑海里浮出一个画面，突然想起先前从海难中死里逃生之后，在客栈内遇到的一件事情：

自从江岚被吞入鲸腹之后，香奈一直闷闷不乐，独自

个儿沉默不语，宫本和猿飞却饿得毫无气力，立刻就木凳上坐定。

摊贩舀上一瓢水，端了四碗热腾腾的米汤到众人面前：「来来来！客官要吃点什么？」刀狩吩咐：「给我们四碗清粥就好！」

宫本和猿飞愁眉苦脸道：「清粥？小法师！那东西怎么能吃得饱？」、「浪人，我没听错吧？渗水的米饭？」刀狩道：「既然如此，那就多加一盘豆腐白菜和清蒸肉包，二位说好不好？」宫本猛点头：「很好！就应该要这样！」

猿飞笑吟吟说：「小法师，唯有平穷人才不懂得品尝山珍海味，只晓得清粥是好东西，却不懂得享受鲜鱼活虾和杀猪宰羊的乐趣！」

这个时候，忽听得临桌的客人闲谈道：「真是倒霉！上次出海时，气候突然变得狂风暴雨，天昏地暗！那海浪跟山一样涌起来，岛屿都被遮蔽了。有人跟我说那不是寻常海浪，后来才知那是中秋将近的海潮效应。」

客友问：「海潮效应？」客人回答：「就是秋夕月节啊！」客友又问：「什么秋夕月节？」客人道：「你没听说过那首水调诗吗？明月几时有，把酒问青天。不知天上宫阙，今夕是何年？起舞弄清影，何似在人间？转朱阁、低绮户、照无眠。不应有恨，何事长向别时圆？人有悲欢离合，月有阴晴圆缺，此事古难全。但愿人长久，千里共婵娟啊！」

客友笑道：「啊！那首水调诗啊？是古人在歌颂月宫时所写得诗句吧？」客人点头：「相传每当在秋夕月节，那时也是月亮距离地面最近的时候，又圆又大的月亮会释放出一种力量牵引住大海，那股引力能够扭曲磁场，使得海面高涨，潮汐的变化让人无法预测，相当恐怖哩！」

客友道：「俗话说神仙妙算的玄机难以窥测，何况这类的灾难，谁能阻止呢？咱们俩前些日子还欢欢喜喜的出海捕鱼，怎么现在为了生计又要发愁了呢？唉！就像那首歌颂月宫的诗句所描述的吧？人有悲欢离合，月有阴晴圆缺，此事古难全啊！」

回忆到此，刀狩、宫本和猿飞似乎都豁然开窍，并将这等情由详细说了一遍，昆仑立即点头：「这件事跟俺所推测的一样，在秋夕月节当天，那正是月亮最接近地面的时候，又圆又大的月亮会释放出一种力量牵引住大海。那引力能够扭曲磁场，使得海面高涨，潮汐的变化让人难以预料。看来四只妖兽打算驶船前往原初之海，使用神祇后裔的血液，开启混沌之门，召唤传说中的祸神。」

刀狩咬牙切齿，道：「绝对要阻止牠们才行！不能让妖孽的诡计得逞！」

第十三章 神祇的后裔

昆仑问：「你们现在打算如何？」刀狩回答：「临别之际，师父曾要我们前往天山国，寻找一本叫天之卷的奇书。」昆仑再问：「你们打算前往天山悬楼殿寻找婵？」

刀狩点头：「相传天之卷的经书上记载了玄通召唤术的解禁之法，一旦找到了神祇的后裔和滚动条，便能够打败四只妖兽，因此我必须要完成师父所托付的使命才行！」

宫本问：「小法师，咱们何时启程？」刀狩回答：「愈快愈好！等养足力气，就立即出发吧！」猿飞问：「浪人，那香姑娘该怎么办？」刀狩疑惑：「咦？对了！那位姑娘人呢？她在哪里？」宫本回答：「香姑娘体力不支，晕倒啦！」猿飞接话道：「现正在另外一座营帐歇息。」

「谁说我晕倒了？」众人忽觉得一股温香扑鼻，转过头看，帐篷外站着一位女子，宫本和猿飞均是惊讶叫：「香姑娘妳终于醒啦！」

香奈掀开幕布，走入帐篷：「立即出发！咱们前往天山国去！」昆仑问：「小姑娘，妳的身子不打紧了吗？」香奈毅然摇头：「刚才歇息了一阵，不妨事了。」

宫本劝慰：「香姑娘，那四只妖兽正在寻找我们，白天容易被察觉行踪，暂时最好别露面，等到夜晚再动身不迟。」猿飞附议：「是啊是啊！浪人说得有道理。」

香奈反问：「看你们吓得这什么样子？我虽受了伤晕倒，自问还不怕那四只妖怪。你们现在一时耽搁，万一让

妖怪先找到了神祇的后裔，该怎么办？」

宫本和猿飞不敢回答，含羞带恨的呆站在原地，刀狩知道这姑娘的性情之所以变得如此古怪，恐怕是因为江岚为了舍命救同伴，不幸被巨鲸吞入肚腹，当下起了怜惜之念，便安慰道：「香姑娘！以八岐大蛇为首的妖孽非常厉害，师父曾说若是再遇上牠们，我们几个暂时最好先不要随意在外露面。我晓得妳和江岚兄朝夕聚首，情如骨肉，若是遇上了危险也愿以身殉，但是眼前最重要的事情是保命，唯有保住性命，我们才有办法东山再起！」

香奈怒喝：「真是多管闲事，你休要做梦了！就算是躲到天涯海角，那些妖怪才不会饶过我们呢！想不到你师父门下竟有这等脓包，你总是将除妖灭怪的话挂在嘴上，如今自己师父被妖怪害死了，怎么还不赶快去报仇呢？」讲完，掉头离开，转身就走。

宫本和猿飞试图唤叫：「香姑娘！」、「哎哟！香姑娘！妳等等啊！」刀狩伸手拦阻：「二位！让她去吧！」猿飞急着问：「小法师！咱们丢下香姑娘不管了吗？好歹她也是咱们朝夕相处的伙伴啊！」刀狩回答：「二位别担心，先让香奈姑娘单独静一静吧！」

宫本和猿飞无奈自己二人力薄，见到同伴失魂落魄的模样，未免又触动了哀怜，刀狩却想着香奈已经失去了江岚，倒也还不至于会抛下宫本和猿飞，既然不愁这女子会独自离开，便吩咐：「你们也先歇息，一旦养足精神，咱们立刻启程！」

昆仑见这四人年纪虽轻，有些憨气，同伴之间的情谊却在无形之中流露出来，忽然触动一件心事，叹气道：「唉！兄弟同心，其利断金，凡事要退一步想，眼睛所见的事物就会变得海阔天空。眼下这场战役的成败全系在你四人身上，千万不要大意，错过这千载难逢的机会了！」

刀狩询问：「前辈，您接下来打算如何做呢？」昆仑道：「从现在起，俺和轻骑部队会暗中支持，沿途在后方护行，若是遇上那几只妖怪也可拖住牠们的行动。你们四人只需往烽火台的方向一直走，几天后便可抵达天山悬楼殿了！」刀狩称谢道：「多谢前辈指点！」

等到傍晚，几十颗闪耀明星高挂在夜空，刀狩、香奈、宫本和猿飞离开了帐篷，启程动身，走了好一段路，才离开彩云峡的地域范围。

满天繁星，四人似乎走了五个时辰天还未亮，宫本和猿飞累了就寻一块岩石坐下。刀狩先到前方探路，依稀看见北方的山峰上有微亮光火，暗想：「咦？那地方就是天山国境内的烽火台了吗？」

还在思索，草丛传来沙沙声响，有个人影悄悄走来，刀狩惊闻：「是谁？」身旁一阵温香袭来，当下忽觉心神一荡，转过头看竟是香奈：「原来是香奈姑娘？」

香奈垂头丧气的说：「刚才我和你吵了一次嘴，心中好生过意不去，见你独自来此探路，正好先来相谈道歉的事。」刀狩见对方言语坦率，一时红了脸，微笑：「那不打紧。」

香奈继续道：「你如此肝胆热肠，真令人感激不尽，先前若不是多亏了你，恐怕我们三人早已被妖怪吃掉了。」刀狩回答：「此话太过谦逊，我见识过香奈姑娘的武艺，以妳身手来看，香奈姑娘算是出类拔萃的武行者了，就算没有我的相助，三位也有办法活命。」

香奈仰头望着夜空的星光，叹一口气：「是吗？像我这样曾经从事杂耍的，只能靠着自己技艺来赚银子，但还不一定能挣得餐餐温饱，我所拥有的也只是这点儿武艺而已，靠着它我才能活到今天。即是如此，江岚舍命相救的时候，我却眼睁睁地看他落入鱼腹，自己…自己什么也办

不到...」讲到伤心处时，竟不知不觉的流下泪来。

刀狩安慰：「妳别哭，人生最困难的事情是认识自己，古之立大业者，必有坚忍不拔之志。乌龟仙人他舍命救了我们，这等勇气，真叫我好生敬畏。」香奈摇了摇头：「那个人，要是我一不在身边，他就会将所有的事情背负在自己身上。」

「看来...妳是真的很喜欢他呢！」刀狩经过了连日来的历练，遇事已能感触心灵，又安慰：「唉！要看淡儿女之情，终究也不是一件容易的事，如果妳真心喜欢他，只有消灭四只妖兽，才能慰他在天之灵。反正死活各凭天命，这场战役若是熬得过，可让天下重享安宁，若是熬不过，还不如速死痛快，索性就由我助妳一臂之力吧！妳看如何？」

无意中与对方目光相接，二人忽觉得心中有些别扭，彼此把脸一歪，避开视线。香奈一时红了脸，无言可答，过了片刻才问：「江岚他们向来觉得我说话没遮拦，先前对你那样无礼，你不生气吗？」刀狩摇摇头说：「香姑娘，光靠冲动可是无法让那些牺牲之人安息的，这件事情造成许多无辜之人的牺牲，现在大家的心里都很混乱，要是有个比较冷静的人在，就比较好了。现在也晚了，不如妳先静养吧！有空我再来陪妳谈话。」

香奈随后离开，刀狩观望星空，眼看夜深已离天明不远，空山寂寂四处都是静荡荡的，除了虫鸣声之外什么都没有。他们暂停歇息，忽然一阵冷风吹到脸上，宫本和猿飞不由打个冷颤，毛发直竖：「忍...忍者，这...这地方还真是凉快啊！」、「浪...浪...浪人，我...我...我的屁股好冷啊！」

二人直比手势，口中喃喃呓语，发不出声。过得片刻，眼看东方初见曙色，天空却不断开始下起大雪，刀狩眺望远方高山，心想：「这雪景便是天山国的境内了

吗？」

前方铺着一条石砖道，龙脉长城飘满了雪花，阳光将山谷映照得隐隐生辉。刀狩、香奈、宫本和猿飞走在阔路上，石砖逐渐狭窄，深沟险壑，周围许多城墙已经脱落，露出内层黄土，白雪与黄土搀杂混在一块，污秽不堪。

香奈望着山边的峻垣深壕，有些烽火台坍陷塌落，也不晓得这条石砖长廊究竟历经过多少风霜岁月，突然回忆起十年前，江岚曾带着自己来寻找过天山国的婵郡主，想到此处又是一阵伤心难过。

「诸位小心！这地方有些难行。」寒风飕飕，凿痕垒垒，刀狩小心翼翼地踏过石阶，有些砖块只稍轻轻一踩，即刻松脱，外加地表覆盖着两丈余深的坚冰，简直雪上加霜，寸步难行。

香奈、宫本和猿飞尾随在后，大约行走半个时辰，四人循着山脊小路攀爬下，喘息吁吁，嘴里吐出雾气问：「香姑娘，咱们快到了没有？」、「香姑娘，天山悬楼殿究竟在哪啊？浪人与我快冻死啦！」

香奈站在悬崖边，指向斜坡下一座方楼筑建的烽火台，说道：「过了那地方，咱们就可以抵达悬楼殿了。」

刀狩低头俯瞰，遍地白茫，险峻的地势山环峰绕。雪雾纷飞，茫茫冰雪覆盖了整座龙脉长城，隐约可见九脊重檐的城楼墩台峙立，显然是守卫森严的制险之地。走了半晌，四人终于抵达了方楼筑建的烽火台，烽火台下站了一个驻兵，远远走来问：「那边的！你们什么人？」刀狩回答：「我们是来找郡主大人的。」

宫本添补一句，解释：「咱们乃是奉召郁树国昆仑郡主的意思前来！」猿飞跟着点头：「是啊！」驻兵诧异问：「郁树国的昆仑郡主？那有没有通行证啊？」宫本和

猿飞异口同声，理直气壮的摇头：「没有！」

　　驻兵脸色一沉：「没有通行证？那我怎么可能让你们通过？」宫本和猿飞满脸错愕，面面相觑，问：「忍者，你为什么说没有？」、「浪人，你不也回答他没有吗？咱们现在该怎么办？」

　　「要通过就只有这个办法了！」香奈似乎要和敌人厮拼，将身一纵，飞快的闪过守卫身旁。侍卫喊叫：「有奸细！快追！」、「大家快追！别让奸细闯入了悬楼殿！」其余哨卫想驱敌人，手持刀械紧追过去，喊：「可恶！别逃！快回来！」

　　刀狩也不等侍卫前来包抄，看明退路，喊：「二位！这边！」宫本和猿飞见哨卫舞动刀剑拥上来，左闪右躲，拖延时间想让香奈跑远一点，喊道：「香姑娘！趁现在快跑！」、「浪人！这些家伙真是阴魂不散啊！」

　　时当紧要关头，临事畏缩本是二人的作风，只不过为了要让同伴能够脱身，特意绕几个圈子拖延住侍卫，愈来愈多侍卫挤来围攻，擒拿敌人叫：「快抓住这几个家伙！」

　　一个守卫张臂飞扑，抱向手肘：「抓到刺客了！」宫本猛把脑袋向后一仰，撞得侍卫天昏地暗，眼冒金星：「可恶！竟敢偷袭我？」猿飞喊：「浪人！咱们被围攻啦！」陆续又有几个侍卫持刀扑上，大叫：「快围住他们！快围住他们！」

　　「幻之结界术！两仪之门！」刀狩抄出纸帖，口里念了几句灵诀，一张长丝般的结界网瞬间将敌人挡住。那禁法防御周密，前后一看，回峰路转的山脉突然变成了万千株古树的原始丛林，侍卫看到这幻景还以为是什么妖精作怪，顿时受困于岔路甚多的山林之中，在原地兜几个圈子，竟连来路都已辨认不清了。

　　那群侍卫跑累了便在近处的盘岩坐下，周围光景已然换了个境界，这样一来便移挪了视线，免为双方拼个两败俱伤。宫本和猿飞原本还跃跃欲动的想开战，正要严防戒备，谁知侍卫好似路径不熟，突然在山中迷了路似，忍不住睁大眼诧异问：「咦？那些家伙在干什么？」刀狩回答：「放心吧！那些人没有受伤，我用结界术将他们给迷惑了，这些人暂时看不见我们。」

　　香奈转头向后张望，灰蒙蒙的烟雾之中却见敌人好像误入了迷幻森林，只见那群侍卫累得气喘吁吁，叫道：「怪了！来时是按着日光的阴影而走的，怎么会绕不出这座树林呢？」同伴回答：「岂有此理！这是什么鬼地方？」

　　宫本见驻兵跑得满身大汗，不由得又好气又好笑：「哈哈！小法师的结界术真是厉害，这些家伙就算再走十天，也休想离开森林了！」猿飞也道：「哈哈！浪人！这些人真是蠢啊！以为自己迷路误闯入了丛林，路径太多却又不晓得该从哪里寻路才好，真是练了一身功夫又打不过人，学那武艺有啥用处？」

　　香奈的脸上现出惊疑之容，立即停步问：「发生了什么事情？碍事的家伙怎么突然不追我们了？」刀狩解释：「诸位放心！咱们说话的声音也被两仪之门的结界术所隔断，就算鬼叫，那些侍卫也听不见的。这结界术两个时辰后会自解开，现在可以安心的前往悬楼殿，不必再担心被人纠缠了。」

　　自从刀狩经由钟馗亲自指点后，结界术功力大进，远非昔比。宫本和猿飞则是见那两仪之门真是神不知、鬼不觉，一丝也不费力的轻易就替四人解灾消厄，简直就是难得一遇的仙术，委实令人称羡。

　　香奈引领着三人继续往天山悬楼殿的方向前进，沿途

雪花飘个不停，空谷回风的圣雪峰弥漫着白雾，悬崖边高峰阻路，寸草不生。走不多时，地势逐渐宽敞，一座庞大土城好景呈现，三人见那外城偏宽，城垣由南北两轴贯穿山峰，筑高的城墙耸立在风雪中，气势壮观，香奈招手唤道：「喂！你们大家快过来这边！」

刀狩、宫本和猿飞来到城墙边，香奈仰头望着巍然壁立的城垣，回忆起江岚和自己曾经造访过此地，喃喃对三人说道：「这座天山城乃是边疆的重要堡垒，能防御和抵挡异族的扩展与侵略，因此用石墩搭造的城壁特别重要。」

宫本和猿飞闲情定逸的看了看周围风景，询问：「香姑娘，咱们要怎么进城去啊？」香奈叹气：「没有通行证，现在我也不晓得该怎么办了。」

刀狩见这巍峨壮观的古城规模浩大，土垣由南北两轴贯穿山峰，心想：「看这气势，城内肯定是严兵驻守。」仰头观望，隐约可见东北方有一座瓮城，城墙上的顶门筑有闸楼，极为壮观，又想：「看来不走后门是无法进入城内了！」欣赏片刻，忽开口对同伴说道：「诸位！我们爬墙进去！」

香奈、宫本和猿飞听了这话均是怪眼圆睁：「爬墙？」

话说眼前这座天山城分别有民城和皇城两座，通关进入民城之后，长街上有商贩当众卖菜、屠夫斩骨卖肉，甚至还有人摆摊搭个帐篷在卖汤沏茶，并且替顾客理梳头油。沿着民城街道走到末端，侍卫在皇城的关口严密看守，刀狩和同伴三人晓得稍有疏忽便有可能铸成大错，因此行动特别谨慎，索性就按照计划偷偷摸摸的翻墙入城，避免多生枝节。

寂静的大雪山上遍处都是密云笼罩，香奈、宫本和猿

飞彼此俏语，互打手势按照刀狩的指教去做。四人束紧了腰带，先是热身使其周身筋骨的血脉活络，次又使个障眼法将雪团抹拭全身遮蔽，最后攀着砖岩爬上城垣。

猿飞先取出铁锁链递给同伴，刀狩接过链子，抖开就往上一抛，两手拉住爬上城墙。索性天冷倒还有柴火可以取暖，城垣上侍卫揉头搓脸的不停打着喷嚏，渐渐都盹了便睡倒在墙边。那取暖的火焰烧个正旺，守城侍卫鼾睡如贻，刀狩、香奈、宫本和猿飞快捷如飞，神不知鬼不觉地爬墙越壁，难得有这种机会却无心欣赏全城景观。

四人多受风霜之厄，一阵阵寒气吹到脸颊上，均是机伶伶打个冷颤，潜入城内之后已经是冻得五指麻木。待得刀狩跃下墙边，收起铁链藏在怀中，撒腿如风，奔入暗巷。

香奈、宫本和猿飞依序追来，四人瞥见瞭望台上点燃着烛灯，不多时只听楼门传出几声响，室内走出驻守的侍卫徘徊几圈，刀狩和同伴急忙缩成一团，贴伏墙边不敢乱动。

那些驻兵走回室内，刀狩健步如飞，一转眼便隐入了暗巷，香奈、宫本和猿飞不肯示弱，也将武艺本领施展出来，紧紧尾随在后。四人跑得满身大汗，尚未看出前方有何异状，忽听见香奈叫：「宫殿在那边了！」

仔细一看，半崖藤树交蔽中，有一座丈许高的圆洞石窟。石洞孤倚壁间，上方刻着「天山悬楼殿」五个大字，众人均想：「是这里了！」

话说天山悬楼殿乃是四国境内驰名的『雪中名胜』之地。早期曾经过熔浆喷蚀，被雪覆盖，冷凝成虎毛花斑的流纹岩，因而造就了龙盘虎踞的玄殊地势。宫本和猿飞左观右望，看见周围都有冰石冰柱，边走边想：「这地方好特别啊！」

刀狩仰头眺望，冰洞内搭着许多吊桥，木桩和殿宇沿着陡峭的悬崖延伸，冰瀑和冰泉在光线下闪烁不定，澄澈透明。那冰窟圆洞甚为狭窄，寒气逼人，香奈走在前方引路，呼唤：「婵郡主！您在哪里？我们有急事求见！」

宫本和猿飞也跟着喊：「郡主大人！大事不妙啦！」

刀狩走到岩壁边，仰头望见悬崖上垂着冰冻的藤萝蔓茎，池边阴寒，有双岩锁住冰池，池底的苔藓也已经结冻成冰。光线从天空透下，倒映在冰池，可见底部的冰岩澄澈透明，终年不融。

香奈走过来问：「怎么样！有没有看见婵郡主？」刀狩摇了摇头：「没有！」宫本和猿飞在远处叫：「这也没有半个人影！」

这个时候，冰窟圆洞外突然冲来一群守卫，喊道：「咦！什么人在此？」刀狩和同伴惊讶：「糟糕！」那群侍卫纷纷抽出刀械：「好大胆子！刺客！居然敢闯入天山悬楼殿？」宫本先喊：「大事不妙了！咱们要见婵郡主一面！」

侍卫勃然大怒，立刻退到后方将路堵死：「大家听好！千万别让刺客逃跑！」宫本不听劝告，叫：「哼！你们少啰唆，有本事便攻过来吧！」猿飞也喊：「浪人，不如让他们全部一起上吧？」

侍卫群纷纷抽出刀械，把二人围在中央：「你们是逃不掉的，我劝你们两个最好快点弃械投降，免得受伤！」宫本哈哈一笑：「弃械投降？笑话！」猿飞也跟着笑：「浪人，咱们两个可是稳操必胜啊！」

侍卫见二人狂妄自大，心中愤怒，正准备要持刀冲向敌人乱砍，忽见有个女子站在悬崖上的拱桥，俯瞰下方众

人，吩咐：「全都退开！」侍卫踌躇不定：「启禀婵大人...」婵再吩嘱：「退下！」

「遵命！」侍卫群无可奈何，只好退撤到洞窟门口。香奈、宫本和猿飞一见到桥上女子，喜出望外，惊喊：「婵郡主！」

刀狩从没见过天山国的郡主，看那女子梳凌云髻，身上穿扮素布青衫，腰束倩缎红裙，貌色显得清新脱俗，心想：「这婵郡主是何方神圣？」

婵揭起长裙，莲步轻移的走下拱桥：「你们几位近来可好？」宫本和猿飞急喊：「婵郡主！大事不妙了，四国境内突然冒出了四只厉害的妖怪啊！」、「婵郡主！大事不妙！妖兽就快要杀到天山悬楼殿来了！」

婵点了点头：「这些事情，雷少主都已经告知于我。」众人惊讶问：「雷少主？他现在人在悬楼殿内吗？」

话才讲完，天山悬楼殿的顶端可看见一道阳光穿越朝云透下，一个男子鼻梁上有条疤痕，丰神俊雅的走了过来，微微一笑：「各位终于抵达此地了！」

宫本和猿飞同声惊呼：「是翠云少主！」香奈也叫：「雷少主！」

雷羽早前先抵达了天山悬楼殿，并将妖兽大闹四国境内之事告知于婵，当时释海兽化成神火飞鸦，在翠云国烟雨镇被军队的铁锁阵袭击，后来侥幸逃脱，雷羽则向江岚和刀狩描述了妖兽出现的原因：「融合万古神器所带来的力量，会引发出毁灭性的万灵浩劫。当时在铸剑山庄一战，我们为了平定内乱，却不慎炸毁了魔神像。传说中四仙人的后裔，曾经使用了一种能够镇摄妖兽的玄通召唤术，将敌人封印在巨大的魔神像，当时被封印在内的还包

括了混沌的灵体。但是后来那尊魔神的石像在混战中被我妹妹给炸毁了，因此我猜测神火飞鸦乃是从封印中所释放出的妖怪。」

众人沉默半晌，婵走过来道：「各位，玄通召唤术乃是从天山国先祖所流传下来的一种特殊天赋，要能使用这武技奥义，必须是传承了拥有神祇血统的后裔，才能办到。传说在远古的洪荒时期，拥有神祇血统的后裔不必依靠万古神器就能召唤出神兽，四位仙人的其中一位便是承传了这种属天的特别能力，后来创立了天山国的先祖。」

刀狩疑问：「请问婵大人，天地那么辽阔，我们要往哪里去，才能在天山国境内找到神祇的后裔呢？」雷羽替婵回答道：「各位，自从天山立国以来，先祖希望后代能立万年永续之业，受托于掌管万古神器的重责大任，因此官爵的权位皆为亲世之交，所传承下来的。」

「换句话说...」宫本和猿飞同时惊叫：「婵郡主就是神祇的后裔？」婵点了点头：「天山国的郡主，历代以来皆由子孙世袭其职，百姓供奉，户户瞻仰，至今为止也已经百年数载了。」

「原来如此？」刀狩心想：「人世间的福祸与得失就好像是春花秋叶一般，天下事原来都是一样的道理，什么阶级分割、什么领土世袭？富贵的时候无论有交情或没有交情，走到何处都像有灵气护庇着似，落魄的时候就算好朋友也都散了，奴仆的历代仍为奴仆，贵族的历代仍为贵族...」

原来，婵因着先祖曾是创立天山国之仙人的后裔，从小便无守闺房的规范，她年轻时虽是面貌娉婷，却因先祖继承了神祇后裔的血统，自小便习得了一身武艺，最善骑射，甚至还能百步穿杨。

名门绝世的后裔身为一个年轻女孩，起初还受人指

目，但她凭着满腹博通经史与文章的才学，再加上继承了神祇后裔的血统，授职为一国之郡，因此天山国的百姓却都像忘记她为女儿身一般的，凡事尽都支持，尊奉成颂。

「咦？江岚小兄弟呢？」雷羽突然转个话题，询问：「怎么他没跟你们一起来吗？」

刀狩、香奈、宫本和猿飞想起同伴丧命于大海之中，心中极为难受，婵和雷羽情知有异，追问：「发生了什么事情？」

一阵寒风吹过，落叶被大风刮得飞舞不定，刀狩沉思半晌，开始描述起当初在海上遇难的情景：

当时狂浪掀天，船栏周围到处都是激荡浪涛，海水撞得甲板倾斜，洪灾泛滥，涌进船舱。青冥缓缓的走向江岚、刀狩、钟馗、香奈、宫本和猿飞，说道：「据我所知，这个弱肉强食的世界本无正邪之分，世事之所以会盛衰，就是因为凡人无端造孽，因此混沌的天地分成了两界。相传地绕黄道每六万六千六百六十六年必有灾祸，那浩劫使得气温骤降，万里方圆的生命大量灭绝。阳增阴减、阴盛阳衰，阴阳循环无非只是光阴长短，人类的贪婪却导致了生态失衡，至终将会有其它种族崛起。如今，这场天劫已经降临，你们几位无需烦恼，浊者自聚俗世、清者远离凡间，若是几位将神祇的后裔交出来，我们可以平辈论交，成为朋友。」

刀狩冷笑：「妖孽！你若想称霸四国，与我何干？但是你若想伤害百姓，我们又怎么能自身事外？」释海吩咐：「乖乖将身边的小伙子交给青冥，否则老头子叫你神魂俱灭，那时可就后悔莫及了！」

钟馗问：「你们想利用神祇的后裔找出什么宝藏？不妨明说。」

「水到渠成，如今的我们脱胎换骨，重化人身，已非当年的山精野魅了。」青冥闭目沉思半晌，继续又描述：「在很久以前，有两个大神争夺天地，世界遭受了空前浩大的灾难。当时盘古开天辟地，这片大地上一共有四位神祇，分别为伏羲氏、女娲氏、神农氏和轩辕氏。四位神祇之中的女娲氏拥有一种特殊天赋，能够开启混沌之门，并召唤出大神的灵体，这乃是一个能够统驭天地创世之妙的奥秘。」

香奈惊叫：「你们打算利用神祇后裔的血液，用玄通召唤术开启灵界之门，摧毁四国？」青冥冷笑：「神祇女娲的后裔使用了玄通召唤术，将我们四人封印在巨大的魔神像内，为了就是不想有人找出这个能统驭天地创世之妙的秘密。看来冥冥之中自有天意，不知道何时，魔神像竟被摧毁，我们的封印也因此解除。可惜那似乎已是几百年前的旧事了，昔日恩怨早已忘怀，如今我们所要做的，就是使用神祇后裔的血液，开启灵界之门，解放处于混沌状态的祸神。」

遭遇描述到此，刀狩的心中极为沮丧，婵和雷羽虽有千言万语，却是一句话也说不出口，但想这四只妖兽绝非等闲之辈，均是满腹愁肠，不敢大意。刀狩一会儿想起师父的临行之言，心乱如麻，钟馗曾对自己唤道：「小子！你过来！」

当时的刀狩曾应声叫：「师父！」钟馗压低声说：「现在我要告诉你一件很重要的秘密，千万听好！」刀狩暗想：「什么秘密？」

钟馗解释：「四大神祇的姓氏分别为轩辕氏、神农氏、伏羲氏和女娲氏。这四位神祇创造了四轮书，各别记载于天之卷、地之卷、山之卷与海之卷当中。后来有四位青年遵照了天象经纬的指示走遍天下，在极地荒凉的隐僻之处发现了吸收天地山海之日月精华，所酝酿出的幻化灵珠。这四人收集灵珠，并将八颗灵珠铸成神器，使用这股

力量解救苍生。他们以彩云峡为地界的中心点，先后创立了蓬莱国、郁树国、翠云国和天山国。蓬莱国所流传下来的宝典是地之卷，相传是轩辕氏所创出的瞬身仙法、翠云国所流传下来的宝典乃是山之卷，相传是神农氏所创出的飞行仙法、郁树国所流传下来的宝典乃是海之卷，相传是伏羲氏所创出的结网仙法…」

刀狩未等师父讲完，早已预先端详了秘密，惊讶问：「最后天山国所流传下来的宝典则是天之卷，相传便是女娲氏所创出的玄通召唤术了？师父！你要我们前往天山国，寻找神祇的后裔？」

钟馗点头：「待会儿我用灵帖画出结界让你们逃走，你们即刻前往天山国寻找这部天之卷的奇书，那书上有玄通召唤术的解禁之法，找到了神祇的后裔便能够对付这四只妖孽。绝对要将师父托付给你小子的这项任务完成，否则师父必不与你善罢罢休，听懂没有？」

刀狩又唤一声：「师父！」钟馗吩咐：「能否挽救四国的气数，全掌握在你手中，看见我的暗号时，快去救人，悔之晚矣！」

回想到此，脑海中的记忆又变成一团模糊，刀狩强抑悲伤，婵和雷羽均晓得此重要之事不得延迟，正打算再多追问有关四妖的事，突然有个侍卫狼狈奔来，闯入悬楼殿喊：「启禀婵大人！启禀雷少主！大事不妙了！」

婵问：「什么事情？」侍卫解释：「有四只巨大的妖兽闯入天山国境内，牠们破坏了烽火台，如今就快要攻入民城和皇城了！」

刀狩、香奈、宫本和猿飞听闻此情报，均是惊喊：「糟糕！是八岐大蛇、神火飞鸦、万年巨鲤和鬼域鸟！」

第十四章 封神陵

刀狩、香奈、宫本和猿飞跑得浑身是汗，尾随着婵与雷羽抵达了天山悬楼殿的瞭望台。那地方是一座小山壁，孤壁峭立寸草不生，登上峰岭却能望见十里方圆内的山脉，连绵不断。

婵和雷羽先辨明了风向日影，忽见对面远方一座山峰，有一堆黑茸茸的东西逐渐接近：「咦？那是什么？」

刀狩和同伴分辨出那一团黑茸茸的景物乃是巨兽，惊喊：「牠们来了！」宫本和猿飞回忆起日前险境，心惊胆怕的叫：「哎哟！忍者！船长不在，这次该怎么办？」、「浪人！我们死定了啊！」

眼看四只巨兽的身躯何止万斤，无论有多大力量的野兽，也休想阻挡得住。顿时只见八岐大蛇鼓着肚腹向前蠕动，周围树木在突如其来的强大重力下，全都横排压倒，几千株古树响成一片，枝干喀嚓连声，纷纷折断。

八岐大蛇使出风卷残花之势，往半山绕转两圈，接着便听见轰隆巨响，树林摧断，激起漫天尘雾。

众人在瞭望台上被那威势震得头昏目眩，忽觉天空中有两团黑影罩下，神火飞鸦和鬼域鸟冲出云层，使个大鹏展翅的架势疾速俯冲，往天山悬楼殿的方向飞坠而来。

腰带所系的木杖剧烈震动，刀狩情知有异，也看出附近山脉处处笼罩着妖气，暗想：「糟糕！那位昆仑大人的军队无法拖延住敌人，难道轻骑部队都已经全军覆没了吗？」

还在迟疑，天空中忽然传来鸟啼声，一阵强烈的旋风呼啸而过，丹凤凰长尾上翘，自空落降，扩展开了翅膀却飞得不高不低。

碎冰打得众人脸颊疼痛，刀狩和同伴差点儿被怪风吹倒，丹凤凰振翅一搧，飓风倏起，冰雾遮天蔽地的分不清楚东西南北了。宫本和猿飞的鼻子嘴巴全是碎冰，香奈瞇着眼叫：「是昆仑郡主赶来了！」

众人目不转睛地看着天灵兽往皇城方向飞来，随即一股排荡如山的海浪涌入山下民城，婵心知不妙，失声喊：「糟了！天山国的百姓！」

可惜那海啸来得势急，山下城镇全都像浪中雪崩，瞬间淹没。只见天候愈变愈是险恶，屋外晒着的衣裤和斗笠多被飓风卷起，掀天骇浪一层跟着一层涌来，澎湃洪流将城墙打得东斜西歪，那情景触目惊心，甚是骇人。

婵立即抄出鸳鸯钩，想喊：「朱雀⋯」尚未讲完，却被雷羽一把拉住手腕：「婵郡主且慢！」

婵一时失误没有召唤出天灵兽，惊问：「为什么要阻止我？」雷羽牢牢握住对方的万古神器，冷静解释：「婵郡主，这四只妖兽既能消灭江岚小兄弟的玄冥龟，又将郁树国的轻骑部队搞得全军覆没，肯定绝非等闲之辈，千万不能大意召出天灵兽，否则一旦等万古神器的灵能耗尽，我们只有等死的份了！」

婵沉默不语，眼睁睁望着前方凄惨的光景，掀天骇浪激起漩涡，洪流一遇浮尸、断树和田舍，旋转几圈，便被淹没。如今的天山国遍处汪洋，鸣锣报灾与哀鸣求救之声惨不忍睹，筑建在半山腰的民宅也只露出了半截屋顶，那水势却仍在继续高涨。

山坡上倒是聚集了不少灾民，彼此抢救，眼看万年巨

鲤所引发的大海啸横排扩散开，山下的烽火台和城墙抵挡不住猛烈攻势，方圆五里内的城楼全都被洪水冲刷，千百株断树瞬间被巨浪拒出十里之外，消失无踪。

巨浪流泻，有些跑得快的灾民稍可苟延残喘半晌，守望台传来侍卫吹着笳筒戒备的响声。这个时候，八岐大蛇已经来到了民城近处，庞大身躯从海啸中隐现浮出，水势往两边分流开，有许多百姓逃到高处躲避海啸，一见到这情景，吓得转身就逃：「啊！救命啊！救命啊！蛇妖出现了！」

四只巨兽出现在天山国境内，霎时之间风起云涌，百姓畏惧海啸之力，尽都使出浑身解数逃亡上山。这个时候，天空传来一阵灵鸟啼鸣，睁眼细看，昆仑所召唤出的丹凤凰疾速减低，往下飞落。

刀狩、香奈、宫本和猿飞见那巨鸟穿梭了冻云层，一个回转，收住双翼俯冲而下，停在悬崖前方，骑在羽背上的昆仑对众人喊：「快过来俺这边！」雷羽惊喊：「昆仑郡主！」

昆仑不敢大意，一边留神向四方观看，一边解释：「可恶！俺驱使天灵兽飞在云端，原想暗中保护他们四人，没料到却被飞鸦和怪鸟察觉行踪。这四个家伙真是狡猾，趁虚灭了俺的轻骑部队，并暗中尾随来到悬楼殿。如今此处已是险地，大家快跟俺走！」

洪灾扩大，更加显得情势凶险，扶老携幼的难民肩挑背负，陆续逃上山峰。婵望见浮尸漂在水面，眼睁睁看着民城和皇城在瞬间沦为水乡泽国，这悲惨景象乃是生平从未所遇。她气得脸色发白，猛一回神，一道耀日争辉的黑影站在面前，香奈咬紧牙叫：「婵郡主！逃命！快逃！」

婵愣了半晌：「小姑娘！」香奈忍着泪眼，解释：「江...江岚他已经牺牲了性命！难...难道要所有四国百姓都

为妳赔上性命，妳才开心吗？」宫本和猿飞紧张起来，惶恐唤：「香姑娘，别...别对郡主无礼啊！」、「香姑娘，妳要陷害浪人与我被侍卫斩首吗？」

香奈眼带泪光，忍不住又高喊：「婵郡主！」雷羽亦解释：「婵郡主，恕我冒昧！香姑娘她说得不错！眼下重要的事乃是活命，并找出玄通召唤术的秘密。如果您的血统真是开启玄通召唤术的钥匙，应该也能召唤出传说中的武神，阻止战争！」

刀狩也跟着说：「郡主大人！此刻若逞血气之勇，反而误事，国势家运皆有定数，徒自悲伤无益，郡主大人请保住性命要紧，才有办法重建家园！」

婵沉默不语，昆仑忽喊一声：「不好！飞鸦和怪鸟又追来了！大家快逃！俺先用天灵兽拖住牠们！」讲完，扬起铜镰刀向上一举，对着丹凤凰唤叫：「疾风界限！苍穹天劫！」

天空中一根巨大的黑风柱突然涌现，转来转去，把尘土卷上高空冻云层。鬼域鸟和神火飞鸦望见满团尘雾卷向黑风柱，立刻飞向左右，搏命俯冲，从悬楼殿近处飞掠而过，往云端滑翔而去。

「趁现在！大家快逃！」雷羽一个健步奔向悬崖，刀狩、香奈、宫本和猿飞追随在后，唤叫：「婵郡主！我们快走啊！」、「浪人！小心背后！怪鸟又冲过来啦！」、「二位留神！」

空中云层甚厚，笼罩住了视线，忽见神火飞鸦迎头撞向山壁，悬楼殿的梁柱瞬间断成粉碎，宫本和猿飞被那风势抛出悬崖，跌下山谷：「啊！忍者！」、「哇！浪人！」

刀狩和香奈均被震得跌倒在地，二人全身沾满灰尘，

尘土遮天蔽地，也分不清楚东西南北，雷羽亦是忍着疼痛，抚胸爬起：「糟糕！」

宫本和猿飞坠在半空中，全身衣袖被风吹得柔活，婵在峰顶俯瞰全城的楼房坍塌，铜门尽毁，灾民吓得大半逃散，楼房亦是烟雾直冒。想到这边，一股愤怒涌上胸口，抽出鸳鸯钩奔向悬崖，喊道：「雷少主！快带着他们往后山避难去！我们在后山会合！」

「明白了！」雷羽一把扯住刀狩和香奈的手臂，唤叫：「事不宜迟！二位快跟着我来！」刀狩和香奈忍住疼痛爬起身，三人跃步往石阶奔下，回头忽见一条黑影跳下悬崖，原来是婵往宫本和猿飞追去。

画面转到另一端，婵跃出悬崖边缘，疾向下坠，突然高举起鸳鸯钩，喊道：「朱雀！出来！」

背后寒气侵骨，云团中突然冲出一只巨鸟，朱雀翅膀一振，从蔚蓝的高空俯冲而下。只见牠连续穿梭三层云团，一个滑翔，收住双翼向上攀升。

朱雀借着两翼兜风之力平稳停住，说时迟那时快，婵一个翻滚落在羽背上，索性没掉落万丈绝壁，总算命大。刀狩还以为对方摔下悬楼殿必死无疑，见她反应机灵的唤出天灵兽，惊喜：「好险！」

婵喊道：「朱雀！快救人命！」

朱雀翅膀一展，十根风柱团团飞转，将方圆几亩的树木全数吸起。宫本和猿飞原本要摔个粉身碎骨，却被风柱卷上高空，二人重重地摔在巨鸟羽背上，那疼痛看似极难禁受，侥幸没摔死，总算幸运。

悬楼殿的山壁危岩崩塌，坚冰和雪团坠下绝谷，婵只好忍痛把悲伤难过全往肚里吞，唤住天灵兽喊：「掩护昆

仑！」

朱雀两翼兜风，宫本、猿飞和婵乘着天灵兽腾云驾雾，飞往高空。凝望悬崖下的城镇和森林，树小如芥，抬头看时，视线已被厚密的云层遮蔽，霎时忽又云消雾散，昆仑在丹凤凰的羽背上遥喊道：「俺还可抵挡一阵！俺先引开两只怪鸟注意，你们快救其它人！」

低头俯视，眼看万年巨鲤所引发的洪水从低洼处向四方扩散，山边有许多逃难灾民想爬上岩石，不料海啸从背后涌来，一堆群众跟跄落水，淹没在滔滔江河之中。难民无处可逃，随着遍地洪流飘向远处，有人不防岩石淹在水下，情急竟一头撞上，血流满面。天山近处的树林有群飞鸟受了惊吓，也跟着扑翅高飞，逃避远去。

水势愈涨愈汹涌，堤溃了民城和皇城的砖墙，激湍洪流将山地淹成一片汪洋大海，草树尽没，全都填成了水乡贫地。悬楼殿的梁柱崩塌，山壁坠石荡在水中，索性宫本、猿飞和婵及时逃到天灵兽的羽背上，低头俯瞰，望见一片汪洋碧海，也不晓得多少无辜性命丧生。

自从雷羽、刀狩与香奈和同伴分离之后，半刻都不敢迟缓，他们沿着石阶向下奔逃，万斤之重的落石坠下悬崖，仿佛整座山峰都在震动。三人觅路往前跑，背倚危崖，下临绝谷，雷羽指向石阶尽处的洞窟喊：「快跑！通过隧道就会抵达后山坪了！」

三人同时冲入隧道，背后突然传来一阵巨响，回头惊看，陷落的岩石已将甬道入口都给堵死。眼下方始惊觉，后退已是无路，雷羽急催促二人：「继续跑！别回头看！」

三人空有一身武艺却无处发挥，不断听见震耳欲聋的轰隆声从背后传来，仿佛都要天塌一般。黑暗之中，依稀照着记忆又往前摸索，越走路越狭窄。

　　突然之间，前方跟着传来落石巨响，雷羽暗叫不妙：「糟糕！出路被堵死了！」才拔出火折一点燃，隐约望见隧道前方的碎沙碎石堆得密集，当下立刻攀上石堆，翻开松动落石，想找出路：「可恶！偏偏在这种时候！」

　　迎面好似被山石堵死，到处摸索也无出路，雷羽搬开几块落石，隐约便觉手指麻痹，搬到后来，那些石块体积愈大，用尽平生竭力死命推拉却只能稍微移动寸许，难以挪开：「可恶！咱们被困在隧道内了！」香奈的脑海中一片空白，呆呆愣在原地，忽听得身旁的刀狩喊道：「二位退后！这边让我来！」

　　「幻之结界术！三重罗生门！」

　　突然一股寒气迎面扑来，脚前的地底传出一阵响动，整座隧道都开始剧烈摇晃。雷羽和香奈往后倒退几步，一扇巨大铜门彷佛石笋冒出地面，刀狩再喊：「结界之门！全开！」

　　随后另外两扇巨大铜门也跟着冒出地面，三重罗生门凿出路径，那力量震得岩石裂成大缝，倒塌的坠石和岩壁瞬间都被结界之门压碎，拒出隧道之外。

　　一丝光线透入隧道，三人见洞外满是奇花异卉，刀狩惊喜叫：「太好了！二位快点出去！」

　　三重罗生门撞出一个无底坑道，刀狩催促香奈和雷羽快离开后洞，因为隧道内的石壁就要崩裂。他们逃到后山之后却见石坪上长满了青苔，滑不留足，四周围着冰瀑更是让人看了惊心目眩。

　　抬起头看，忽见一团火云将天空映成红色，神火飞鸦逆风飞来，刀狩惊喊：「二位小心！」

一只遍体通红的赤鸦冲向三人，雷羽急忙从袋子抄出烈爆弹，心想：「不对！这是火鸟类的妖兽，火焰对牠起不了多大作用！」脑中瞬间闪过许多奇谋，看准山壁旁的冰瀑奔去，回头对同伴喊：「你们快找掩护！」

才刚讲完，手中的烈爆弹掷向山上冰瀑，头顶传来一阵天崩地裂的巨响，冰柱塌坍，神火飞鸦恰巧扑下，竟被冰柱砸中羽翼。刀狩和香奈同时惊叫一声，忽见那只巨鸟好像弓箭脱弦一般，罩着满团红雾，坠向山壁下的悬崖。

鬼域鸟被丹凤凰的黑风柱逼得气都透不过来，哪里还能救助同伴？宫本和猿飞双手紧攀着朱雀羽翼，喊叫：「婵郡主！刀疤大侠他们在悬崖上！」婵急忙催促：「朱雀！飞低！」

朱雀好似通解人意，羽翼一扩开，旋风飞转的往悬崖疾速冲去。雷羽、刀狩和香奈随即跳上巨鸟羽背，婵高举起鸳鸯钩，叫：「快飞上天！」

朱雀两翼兜风，眨眼梭出后山悬崖，雷羽、刀狩和香奈低头见天山悬楼殿渺小如蚁，许多灾民都在城内狼狈逃窜。宫本和猿飞坐在羽背上，牢牢抓着羽翼不敢乱动，双脚夹紧，喊问：「刀疤大侠！我们现在该怎么办？」、「刀疤大侠！山下还有两只妖兽啊！」

众人望见一只八头蛇和巨鲤冒出水面，溅起了流沙和澎湃的海浪，势绝汹涌。镇上灾民无处可逃，婵眼睁睁看着那惊天撼地的流沙海浪将城镇吞灭，还想反击，突然背后伸来一只毛茸手臂，雷羽立刻夺下自己的鸳鸯钩，歉然道：「婵郡主，得罪了！现下唯独您的手中握有封印四兽的钥匙，此刻绝不可意气用事！」

婵晓得对方的意思是要忍辱逃亡，但想自己身为一国之郡，无法保护百姓却恨不得羞愧欲死，心神疲惫，眼前一黑险些晕倒在地。刀狩和香奈急忙扶住同伴，见她虽然

精神疲惫，脸上病容稍减，这才宽心。

八岐大蛇和万年巨鲤毁城伤人，双方均是猛张血口，想将漂浮水中的灾民吞下肚腹，无论人畜或者田舍，全都无法幸免。

另外一端，雷羽夺下婵的鸳鸯钩驱使天灵兽，朱雀一个侧转速度增快，众人的视线全被云雾遮蔽，一团白茫茫的尽看不见。

昆仑乘着丹凤凰见同伴们安然脱险，催促灵鸟道：「丹凤凰！快离开这！」丹凤凰跟着收住双翼，像疾箭脱弦一般冲下地面，离地五尺忽又冲霄而起。两只天灵兽仗着风力搧动翅翼，前追后逐，冲向碧霄万里的蓝天，疾飞而去。

想是鬼域鸟被黑风柱阻挡，又担心神火飞鸦的伤势，故此没有追来。丹凤凰时而飞在朱雀前方，时而飞在朱雀后方，两只巨鸟穿梭了数团云层，借着两翼兜风之力平衡身躯。

眼看海啸从天山悬楼殿的周围流过，雪团与泥沙交映，转眼变成了冰洋沙漠的奇景。婵被众人救醒之后，身上还有些不大舒服，刀狩和同伴仔细将前情叙述一遍，雷羽用鸳鸯钩驱使着朱雀平稳飞行，不敢大意。

刚才见识了八岐大蛇、神火飞鸦、万年巨鲤和鬼域鸟的破坏威力，妖兽本领可想而知。这个时候，夜色已是星月交辉，丹凤凰和朱雀逆着天风减速飞行，众人在灵鸟的羽背上坐了一整天，头晕腿酸，全身骨头好似散了似的。

刀狩突然指着前方大叫：「咦？诸位快看！那是什么？」众人低头俯瞰，忽见南方山峰被雾遮蔽，霾云朦胧，隐约可见四个大字透在雾里：「咦？那是什么？」

雕刻的痕迹入石三分，云雾消散，字迹忽变得清晰可见。众人望见左边山峰刻着「天地」，右边山峰刻着「山海」，四个字浑然雄劲，仿佛一幅巨匾悬在高峰。大伙儿心里均想：「原来天灵兽带着我们来到了彩云峡。」

刀狩和同伴低头再看，山下隐约可见一条铁锁桥，那桥上横铺木板，纹理粗糙，八寸厚度的吊桥悬挂在半空中，悬崖下则是云雾飘渺。过得半晌，两只天灵兽终于借着双翼兜风之力平稳降落，猿飞和宫本再也支持不住，纵身跳下，恨不得先躺平一会儿才好：「浪人！这座树林是什么地方？」、「忍者！你问我，我问谁？」

刀狩和香奈搀扶着婵站稳地面，雷羽和昆仑也依序跃下灵鸟，朱雀和丹凤凰灵力耗损，啼鸣几声，化成百亩方圆的烟雾，吹成团片，满天飞扬。

众人历经奇险，死里逃生却来到了一座原始丛林，猿飞先问：「昆仑郡主，您带我们来这什么地方？」昆仑回头望了望周围环境，解释：「彩云峡附近这座森林，乃是埋葬历代先祖的皇陵。」

宫本和猿飞异口同声，问：「皇陵？」雷羽在旁批注道：「就是埋葬死人的坟墓。」宫本和猿飞惊叫：「啊！坟墓！」

雷羽问：「昆仑郡主，咱们来此有何目的吗？」昆仑解释：「雷少主，那四只妖怪曾经说过，在很久以前，有两个大神争夺天地，并在这世界留下了极大灾害，每六万六千六百六十六年便会有灾难发生。后来祸神被封印于混沌之中，这四只妖兽从毁坏的魔像封印之中解放出来，要借着神祇后裔的血液，在月亮距离地面最近的时候扭转地磁，解开祸神封印，并且开启通往妖界的混沌之门。」

雷羽点了点头：「决不能让牠们诡计得逞！」昆仑继续说：「因此，俺猜牠们恐怕是想捉住婵，并且驶船航向

原初之海，在涨潮之汐召唤出祸神，开启混沌之门。」

猿飞忍不住打岔问：「昆仑郡主，这地方便是原初之海了吗？」昆仑摇头：「这地方叫做封神陵。」众人暗想：「封神陵？」

「相传在远古时期，这大地上一共有四族神祇，分别为女娲氏、轩辕氏、神农氏和伏羲氏。女娲氏的后裔传承了玄通召唤术，并将奥义记载于天之卷的经书上，轩辕氏的后裔传承了瞬身仙法，那武技乃是记载于地之卷内，神农氏的飞空术被记载于山之卷，伏羲氏的结网仙法则是记载于海之卷。」

婵静养片刻已经稍微恢复精神，缓缓走来，继续又对众人解释：「这四卷流传下来的宝典称之为四轮书，相传曾是四仙人所依靠，而收集到八颗灵珠的关键法宝。四仙人靠着这四种本领走遍天下，在极地荒凉的隐僻之处发现了天地山海的幻化灵珠，使用这股力量解救苍生，并且创立了天山国、郁树国、翠云国和蓬莱国。后来四仙人逝世之后，世人为了纪念他们的万世典范，便建造了一座皇陵，将四仙人的遗体安葬在封神陵内...」

刀狩、香奈、宫本和猿飞听了皆是恍然大悟：「安葬四仙人遗体的地方，便是这座封神陵了！」

雷羽忍不住追问：「昆仑郡主，咱们来此地乃是要寻找记载了玄通召唤术的天之卷吗？」昆仑点头：「没错！不能让妖怪捷足先登了！」婵问：「昆仑，你觉得天之卷还藏在封神陵内吗？」昆仑回答：「天之卷对一般人来说，毫无用处，俺觉得天之卷应该还在此地。」

宫本和猿飞听得入神，均都忍不住好奇想问：「那其余的滚动条呢？」昆仑解释：「在几百年前，郁树国曾经发生过内乱，当时记载了结界仙法的海之卷被盗走，那滚动条也在人间从此遗失。而记载了瞬身仙法的地之卷乃是

蓬莱国的宝藏，据说蓬莱国曾派兵打听其下落。最后，记载了飞空术的山之卷则是一直下落不明，相传是被猿猴给偷走了。」

刀狩深怕昆仑一旦谈到这事又会扯上自己师父，那海之卷藏在轩辕山的秘密就会被揭穿，当下急忙转开话题，喊一声叫：「诸位！没空耽搁了！咱们快点动身往皇陵去吧！」

昆仑在前引路，宫本、猿飞和刀狩左右护行，雷羽和香奈则是扶着婵尾随在后。七人仰起头看，隐约可见一座神庙坐落于茂密树林的半山坡上，神庙周围乃是峻岭古树，高不可攀。

话说庙址前方种植了两排松柏，殿外供着一个大铁香炉，香炉旁塑着一座女像石雕。那雕像神貌不美，女首蛇身，刀狩心想：「这座雕像不知是谁？」

宫本忍不住先奔到皇陵入口处，见石墙上有缝隙，试从石缝往里一看，那墓穴内黑暗异常，猛闻到一股湿气由穴内透出。猿飞好奇问：「浪人，里面的情况怎么样？你看见了什么？」宫本摇头：「墓穴里乌漆麻黑的，什么都看不见！」

刀狩也忍不住伸手触摸，封神陵的石墙甚是厚实，香奈在旁问道：「你觉得...神祇的宝典，真的藏在此处吗？」刀狩毅然点头：「香姑娘，我想是的！」香奈又问：「若是...若是我们找到神祇的宝典，有办法救回江岚一条性命吗？」刀狩回答：「香姑娘，我晓得妳仍旧无法舍此而去，但是人死不能复生，还请香姑娘节哀顺变。」

香奈低头不语，脸上悲容依然未敛，刀狩见她两眼含泪，摇了摇头未再言语。这时，昆仑手持铜镰刀走来，对众人吩咐：「大家跟着俺走！」讲完，从宫本和猿飞的身边经过，伸手往女像石雕的手臂一抓，左右两仪逆顺推

转，往下一拉，封神陵的洞口隐现出一条长窄甬道。

众人听见一阵轰隆隆声响，石门缓缓下沉，突然一股强风吸入穴中，甬道内涌出尘雾。刀狩惊讶：「封神陵的入口处原来在这？」雷羽招呼道：「既然寻到，咱们走吧！」

宫本和猿飞尾随在后，一伙人走下石阶，两边的窄壁布满了灰尘，漆黑中隐约可见是个隧道，宽窄大约容纳四人体积。刀狩东张西望，睁大眼看：「不知这里是否尚有其它出路？」

雷羽点燃火折，仔细观察，见那暗门机轴全都藏在石壁内，一时也难以看出布置的痕迹。昆仑在前引路，带领众人走了约半柱香时间，才将黑沉沉的甬道走完：「接下来就是封神陵墓室的主洞了，洞中所置得乃是棺木，大家务须谨慎，以防机关。」

宫本和猿飞听了均是战战兢兢，墓室内寒气侵骨，火折照处则是焰影幢幢。雷羽叮咛道：「这座封神陵乃是先祖的遗物，大家若在此看见什么宝物，万不可随意取携。」

刀狩和香奈点头示意：「明白！」才刚讲完，忽见主洞的墓室内气象庄严，殿中陈设着四具棺木，宫本和猿飞吓得手足瘫软，怪叫：「有死人啊！」昆仑道：「别紧张！棺木里的尸体早已经变成白骨啦！」

众人探头一看，四具棺木之中分别躺着龇牙咧嘴的骷髅，全身躯体只剩下一堆白骨，宫本和猿飞又是吓出一身冷汗，待得不见那堆骷髅有什么动静，这才宽心。

刀狩抬头一望，墓室的洞窟呈现半圆形状，上窄下宽，有三石顶竖的支柱立在中央，底下平铺着细琢圆石，心想：「埋葬在此的，便是曾经拯救天下苍生的四仙人了

吗？」

宫本左观右看，指着左边摆置的一座炉鼎，好奇问：「咦？那是什么？」

众人仔细打量，见那炉鼎形如酒樽，青铜所铸的容器上刻着天地山海与鸟兽图案，炉鼎盖上有八条龙首，嘴中各衔铜丸。昆仑解释道：「这个浑天地动仪乃是当初四仙人遗留下来的法宝，据说它有一种神秘力量，但那力量究竟是啥，至今无人晓得。」

众人均想：「浑天地动仪？四仙人所遗留下来的法宝？」还在思索，猿飞突然指着其中一具棺木，惊喊：「浪人！你快看！那是什么？」

视线移转，忽见有个骷髅的胸前挂着一个黄布油包，众人喜出望外，这下子当真是如获至宝，正要伸手触摸，耀眼争辉的刀锋突然砍来，刀狩惊呼：「留神！」立刻举起木杖抵挡，双方器械摩擦火花，香奈、雷羽和昆仑均看得清楚，惊诧叫：「婵郡主！」、「咦！婵郡主？」、「妳做什么？」

婵的手脚同时沾地一翻，退向棺木旁道：「各位！请…请你们离开这里吧！」刀狩和同伴的心中满是疑惑，昆仑先问：「婵，妳脑袋胡涂了吗？」

婵的胸中有一股抑郁不平之气无从发泄，眼含悲泪道：「这部天之卷乃是天山国先祖的遗物，据说有符灵护体，并不与寻常滚动条一样。昨日在天山国的惊险一战，如今的我仍旧历历犹在目前，若这冥冥之中已是定数，咱们最好听其自然，众位绝不可助我多事。这场战役是属于天山国的，我既然身为先祖后裔，就有责任独自将这诅咒做个了结，一切费心偏劳各位，十分感谢。」

众人原本还疑惑不解怎么婵会突然那样激怒，听完这

话才将敌视之心减去大半，这会儿明白对方的心意也就不以为意了，原来是她不愿将众人卷入危险之中，因此希望独自使用天之卷来对抗四妖兽。

大伙儿先是面面相觑，昆仑开口道：「婵，以前的妳从未这样想过，会感到愤怒想必也是出于无心，但是有句话说：人多势众。天之卷的经书若是不幸为四妖所获得，岂非如虎生翼，助长其焰吗？」

婵道：「昆仑，你原来是个好人，我甚感谢。但这部天之卷的遗物记载了上古时的武技奥义，玄通召唤术唯独继承了天山国先祖的血统才能发挥出其力量。作战需要量力而为，我也曾见识过四只妖兽的厉害，为着大家免蹈先前覆辙，这个做法对彼此最有益处，岂不是好？」

昆仑晓得对方是想跟自己划清界限，免得将大家拖入危险之中，闭目不语，一会儿才问道：「妳打算独自使用天之卷上所记载的玄通召唤术，封印住四只妖兽？」婵回答：「我不愿用先祖的法宝毁坏一草一木，但是这么做也是为了保护百姓的缘故。玄通召唤术的破坏力极大，若是为此将你们牵连而牺牲掉无辜性命，情何以堪？」

宫本劝道：「昆仑郡主，婵郡主这等说法必有深意，我们不便勉强了。」猿飞也跟着说：「是啊是啊！既然如此，咱们何不暂时避往别处？等到婵郡主神功练成，还怕打不过那四只妖怪吗？到时候皆大欢喜，岂不圆融？」

昆仑和雷羽的心里均晓得权势乃是官场规矩，谁能料到天地间的事情千变万化，毕竟玄通召唤术唯有神祇的后裔才能世袭其奥秘，职授为玄天召唤师。若是让婵独自享此权威，难保日后的和平还能永久不变呢？因此二人虽然无法继承玄通召唤术的天赋，多少也必须要了解经书内容，设法合力挽救残局。

雷羽摇了摇头，对宫本和猿飞说：「你们没有做过官

不晓得的，这是官场规矩，世事难为，并非一句话就能解释清楚的。」

昆仑忽喊声：「得罪！」挥出铜镰刀，一个鱼跃龙门凌空砍下，婵便觉得手中的鸳鸯钩有股重力牵引，稍退两步，却听得背后追声渐近，雷羽矮身一低，飞扑过来：「婵郡主！得罪了！」

香奈、宫本和猿飞在旁惊看，喝叫：「喂！你们大家做什么？冷静点啊！」、「忍者，你打算帮谁？」、「浪人，三位郡主打起来了，咱们该帮谁好啊？」、「蠢蛋！你问我、我问谁？」

昆仑和雷羽分散成两个单行，左右抄前进攻，婵纵身跃起，在空中一翻站在棺木上，忽听得飕一声响，骷髅胸前所挂的黄布油包已经不见踪影。

婵从棺木跃下，脚站实地，手中握着黄布油包：「天山国的遗物，唯独天山国的后裔才能取之！不经我允许，谁也不能擅自碰触这卷经书！」

这个时候，棺木旁忽变得青烟笼罩，一个头戴纱帽、身披阔衣的太尉突然隐现，众人惊喊：「婵郡主留神！」

婵的目光只关注到前方也未留神别的，才回转头就瞥见背后有一团黑影闪动，突然间一股寒气侵来，那穿纱带帽的阔衣太尉一手伸入自己的颈后，一手捧住两条腿弯，双手将她抱住并且往头顶上高举，昆仑和雷羽暗惊：「糟糕！果然是误触了四轮书的陷阱！」

阔衣太尉用力一掷，婵在毫无防备的情况下跌坠在地，昆仑和雷羽一旦察觉危险，立刻涌起了同仇敌忾之心，二人左右夹击，攻向太尉。忽听得锵当两声响，二人的武器好似撞在什么兵刃上，细看清楚，那阔衣太尉手执火焰长叉，作出欲扑架势。

香奈、宫本和猿飞在旁见了均都吓出一身冷汗，刀狩好生诧异，暗想：「咦！这是符灵？竟然有人在滚动条内设置了符灵的陷阱？」

婵痛得跌坐在瓦砾堆中，刚爬起身，忽见符灵突然化成一团白雾。那光芒猛罩住双眼，奇丽眩目。昆仑和雷羽均知有警兆，试图要攻击符灵，不料前方突然一阵彩光耀眼，十几道交织而成的烟网笼罩住了全身。婵同时也觉得周身被烟雾粘缚，愈挣愈紧，惊叫：「糟...糟了！大家快逃！」

阔衣太尉的符灵化成烟雾，在身上缠绕几圈，三人被黑雾裹得无法挣脱，竟连被裹之人也好似变成了雾团似的。宫本、猿飞和香奈见同伴有难，正想应战援助，刀狩却已经早一步采取攻势，抛出纸帖喊：「幻之结界术！昆沙天门！」

阔衣太尉并非实体，乃是能量凝聚而成的灵气，因此昆仑和雷羽对它的攻击毫无效用。索性刀狩用狂惰万破的灵诀施展出昆沙天门，这招结界术可将任何灵能封印至阴间。昆仑、雷羽和婵顿时只觉得一阵奇寒透体袭来，缠身黑雾忽变得随风轻扬，恰似满天花雨散落在瓦砾堆中，消失不见。

宫本和猿飞只顾着看那阔衣太尉，竟忘了处境危险，这时却吓得魂魄飞天，刀狩纵身上前，阻止内讧道：「三位郡主大人！快点停手！」

这场虚惊非同小可，昆仑、雷羽和婵原本正斗激烈，满室的刀光剑影却被符灵给打断了。三人披散着头发，乱蓬蓬好似多日不曾梳理，婵一想起天山国的灾民，心中便是悲伤大恸，含怒问：「昆仑！雷少主！你们是怀疑我满怀贪念，想将四轮书的天之卷据为己有？」

昆仑和雷羽明看对方不许自己取宝，会把好意误解，

甚为内愧，就此罢手道：「倘若大家合力应敌，就算遇上千百个难关，也不足为虑。婵郡主何苦要单独承担，自寻烦恼？」

婵见二人颇多疑虑，脸上的悲伤犹未敛去，热泪盈颊道：「大丈夫生在天地之间，无信不立，当一个人说话毫无信义，将会名誉扫地，当一国之郡说话毫无信义，就会招致国破家亡。好的典范流芳百世，坏的声誉遗臭万年，今日我以天山国郡主之名起誓，不求有功，但求无过！」

昆仑听了这番言语，再要拒绝似乎不近人情，只得停手：「雷少主，事有定数，勿须强求吧！」雷羽也晓得撕破面子未免使人难堪，若揭不开那顾虑又是自讨没趣，忙退后道：「我不识抬举，刚才多有得罪！」

婵无端受了挫折，怒容满面：「天山国的遗物，任何人都不得妄取！」

众人知道四轮书的天之卷物非其主，任凭怎么苦心修练，终不能发挥出其威力，待见婵的言行极为诚挚，坚拒无效，昆仑只好点头答应：「多蒙祖先将四轮书流传下来，四国才能免遭大劫。如今天之卷的经书以世袭之授，交在婵妳一人手中，希望有生之日皆恩德之年。若是一旦遇上了事，大伙儿绝不能置之不问，俺肯定会从旁随时相助。」雷羽也道：「来日虽长，世事难料，婵郡主您只管专心修练玄通召唤术的心法，若有需要，咱们会随时暗中相助！」

这几番话说的极有深意，婵也晓得二人是担忧自己独掌大权之后会变得谋私图利，毕竟寻常人若是获得了四轮书这等神奇之物，任谁都有可能弃之而去，把假事做得像真事一般，最后连起初所立下的伟大志向，都忘个一乾二净。

婵将手中的黄油布包和束帖拆开，毅然点头：「你们二位不要担心，今后若是发生什么事情，我必誓以身殉！」

第十五章 海潮的节期

「封神陵所藏的这部天书，原本分为四册，另外还有三册滚动条至今不知落在何处？」婵将天之卷的经书握在手中默诵思索，走离墓室两丈，东踱西踱又散步回来：「除了地之卷、山之卷和海之卷寻常人皆能看懂外，天之卷却只有记载了蝌蚪文的注释。若是先祖必能精通这部经书，我不妨先找出重要口诀，若是能练成玄通召唤术，再找妖兽报仇不迟。」

「咦？为何唯独记载了玄通召唤术的天之卷能够安然无恙，一直保存在封神陵内呢？」香奈离开墓室，边走疑惑边问：「难道从未有人想来夺取这宝物吗？」

刀狩回答：「我猜想四轮书的天之卷没被偷窃，恐怕是唯独继承神祇女娲血统之人，才能学会玄通召唤术这样的武技奥义，若非是神祇后裔，盗窃这滚动条也就毫无意义了。」

「噢！原来如此！」香奈、宫本和猿飞听了这道理才恍然大悟，四人闲暇无事，便任意离开墓室游走，恰巧寻到附近一副壁画。话说眼前这座封神陵的墓冢筑建年代久远，难以考证，主室除了摆置棺木，墙上还添绘了许多丰富多姿的岩石雕刻，五花八门，连带还有一些技法精湛的壁画像，花样百出。

四人见那许多壁画似乎暗藏玄机，猿飞忍不住问：「浪人，你瞧这座坟墓有什么特异之处吗？」宫本回答：「这座坟墓的墙上绘着许多图案，壁画中可能藏有极大宝藏啊！」猿飞惊叫：「这座坟墓埋有宝藏？」刀狩沉默不语，心里也思索：「咦？宝藏？」

　　香奈独自走入西边墓洞，见墙上刻绘许多壁画像。南边的墙角画着一锅火炉，炉内装了八颗灵石。有个铁匠手拿铁棒，作势搅拌，另外四人在火炉旁低头向内探看，似乎在观察什么。思索半天，当下还真以为这墓室有什么珍奇异物，因此将壁画观察地更加细详，暗想：「这些人到底在干什么？」

　　眼看那壁画生动有趣，转过了头，忽然又见到另外一幅图案。墙壁上雕绘了一个长形台子，台上摆设火炉，火炉置放着长棍，棍子一端固定在上方，另一端则是悬吊着圆形石锤。石锤向下挤压，有液体被挤出，从火炉底部的小孔流下。那木箱滤过液体，顺势滴落，直流入一个铁铸的容器内。

　　香奈暗想：「这壁画中的人在炼制什么呢？是仙丹吗？」初时见壁画的结构腻细，还以为这些石绘暗藏机关，愈看却是满头雾水。当下愈看愈觉得颇不寻常，但想哪里不对劲一时竟也说不上来，对着同伴三人唤叫：「喂！你们大家快过来看！」

　　宫本、猿飞和刀狩听伙伴的招呼声，便即走去，望见那铁棒、火炉、石锤和长台的壁画，继续再欣赏下一副壁画，尽是些神碑、古篆和珍禽异兽的景物。猿飞好奇先开口问：「这些画究竟代表什么意思呢？」

　　香奈推测道：「这些壁画，可能是记述着万古神器和四象灵珠的故事。」众人惊讶：「万古神器和四象灵珠？」香奈点头：「四国郡主曾经亲口告诉过江岚与我有关万古神器的由来，我猜这些壁画所描述的，其实正是古时所发生过的事情。」

　　刀狩问：「香姑娘，妳对万古神器和四象灵珠的事情，了解多少呢？」

　　香奈思索半晌，描述：「传说在原初之始，天地混沌

黑暗，有两个大神争夺天地，世界遭受了空前绝后的大灾难。自盘古开天辟地以来，地绕黄道每六万六千六百六十六年必有大劫，那横灾使得冰洋极海的积雪被烈焰融化，形成了无数川流。起初，那灾难不仅只是万亩方圆的地域被汪洋淹没，甚至还气温骤降，岛屿陆沉，生灵更是遭受沉湮之灾。当时，四位仙人遵照天象经纬的指示，仗着仁厚胆识之心走遍天下，在极地荒凉的隐僻之处发现了天地相辅、山海相循的奥秘。靠着天地山海所吸收的日月精华，经过火风水土酝酿所淬炼出的幻化灵珠，能使天下安定，扭转人类荣枯兴衰的契机。因此，四位仙人展开了收集幻化灵珠的旅程，并将灵珠铸成神器，使用这股力量解救苍生。千百年来，四位仙人替天下树立了万世范典，并且以彩云峡为地界的中心点，先后创立了天山国、蓬莱国、郁树国和翠云国。八颗灵珠也被打铸在兵器内，代代相传，后世百姓称它们为万古神器。」

刀狩、宫本和猿飞听得出神，再看壁画上精美的雕工，神碑、灵石、牌坊、长颈龟身与似龙非龙的圣兽更是增添了神秘色彩，各种珍禽异兽和翠鸟的图案栩栩如生，妙不可测。

四人各用慧目观察，突然背后有个男子走来，问道：「各位是在欣赏四国和万古神器的故事吗？」四人回头惊看，见对方额上有道疤痕，正是翠云国少主雷羽，猿飞忍不住先开口畅谈：「刀疤大侠！壁画上所描绘的动物，乃是四象兽吗？」

雷羽抬起头看，望见其中一只似龙非龙的神兽环绕两圈盘踞在壁画的山峰上，飞舞如活，隐露鳞爪，当下忍不住叹口气说：「唉！若是我当初还把如意风火轮留在翠云宫殿就好了！」

宫本、猿飞和香奈知道对方早已委托人将万古神器尘封于世，为得是避免有心之人利用四象兽来引发战争，如今却没想到四只妖兽出没在境内，逼得大伙儿不得不想办

法增强实力。

刀狩对于此事却不晓得，正望着雷羽垂头丧气的模样，突然背后又一人走来，对众人说：「原来大家都在此？俺还在想你们都跑哪去了呢！」

宫本和猿飞见到雷羽满脸沮丧，灵机一动，忽开口问：「昆仑郡主！您来正好！咱们有事想请教！」昆仑睁大圆眼：「你俩想问俺什么？」宫本解释：「事情经过是这样的，刀疤大侠一时疏忽，未曾留意到万古神器的重要性，如今想借那金箍铁环的力量一用，将四只妖兽惊退。如蒙昆仑郡主相助，这深恩大德，四国百姓都会终古不忘啊！」

昆仑恍然大悟，拍手叫：「对啊！还有烛龙之火的力量可以助大家斩妖除魔，怎么这事俺居然忘了？真是胡涂！」雷羽听了忧喜交集，追问：「昆仑郡主！如意风火轮现在何处？」昆仑笑得开怀，合不拢嘴道：「当初原本是想替雷少主把万古神器埋在彩云峡，但考虑到那地势的面积广阔，若是尘封在彩云峡，日后恐怕难以寻回。因此俺和婵就将如意风火轮尘埋在这座封神陵了啊！」

众人均是惊诧，欢呼：「太好了！真是天佑四国！」、「哎呀！昆仑郡主！时机甚迫，不可延误，您快带咱们去寻神器啊！」

昆仑仓促奔走，雷羽、刀狩、香奈、宫本和猿飞尾随后方，六人立即赶往内层墓穴的方向寻去，婵则独自一人待着主墓内修练，在尚未悟出玄通召唤术之前，暂时不愿见客。

昆仑引着众人抵达内层墓穴，估计走了大约有半里远近，内室石壁刻着「天地山海」四个大字，前方的桌坛摆置着一只龙形雕像，猿飞先问：「就是这地方了吗？」昆仑点头：「俺不会记错地方，如意风火轮就埋在桌坛底下

的石砖内。」

雷羽迫不及待地卷起长袖：「太好了！」宫本说道：「刀疤大侠，我也和你一起搬桌！」雷羽点头：「好！」

二人双手一沉，小心翼翼的移开坛桌：「我的妈啊！刀疤大侠，这张桌子怎么那么重？」雷羽饱吸口气，脸颊涨红的说：「看来桌上石像，颇有重量的！」

待得坛桌移开，昆仑左观右顾搜检几回，用铜镰刀敲打地板，石砖龟裂，露出一个小洞。刀狩、香奈和猿飞纷纷围观来看：「是埋在这里吗？」昆仑小心翼翼的揭开地砖，挖出一包牛皮纸袋：「这便是如意风火轮了！」

「好极了！真是上苍保佑！」雷羽急忙将牛皮纸袋给拆封，掏出一个金箍铁环，环上镶了鹅蛋大小的灵石，赤红似火，稀薄透光。刀狩在旁仔细观察，暗想：「这便是如意风火轮？」

雷羽将如意风火轮握在手中，金箍铁环瞬间烧成一团火圈，当下有烈火般的真气相助，由百会穴流到涌泉穴，通过任督二脉，贯穿全身经络，在体内愈转愈快：「好！我现在这就去阻止四妖！」

昆仑拦阻：「慢着！翠云少主！此刻还不到时候！」雷羽咬紧牙问：「难道烛龙之火还不足以对付妖兽吗？」昆仑回答：「你别忘了，敌人总共有四个，单凭你烛龙之力，岂能与四只妖兽抗衡？那可是寡不敌众！」雷羽问：「昆仑郡主，不如你我二人合力连手？若是有丹凤凰的疾风之力相助，再加上烛龙的红焰之火，咱们两个应该有办法打赢四妖！」

昆仑尚未答复，刀狩突然开口，询问：「诸位可还记得四妖先前所说过的事情吗？」宫本和猿飞面面相觑：「什么事情？」

刀狩重复叙述一遍：「还记得先前那老乌鸦和妖女所说过的事吗？老乌鸦打算驶船航向原初之海，但是妖女却说，距离下次涨潮的时限，大概还需要六个多月左右。」

雷羽恍然大悟：「你们所指的乃是有关四妖召唤出祸神的秘密？」刀狩点了点头：「正是如此！前提是那四只妖怪要先找到神祇后裔的血液，等候六个多月，才能利用潮汐开启混沌之门。」

宫本道：「既然这样，绝对不能让那些家伙捉走婵郡主啊！」雷羽思索：「咦？六个多月后？召唤祸神的时限乃是在秋夕月节？」昆仑点头：「翠云少主，这件事跟俺所推测的一样，在秋夕月节当天，那将会是月亮最接近地面的时候，又圆又大的月亮将会释放出一种力量牵引着大海。那股引力能够扭曲磁场，使得海面高涨，潮汐的变化更加让人难以预料。俺猜四只妖兽打算驶船前往原初之海，利用神祇后裔的血液开启混沌之门，召唤祸神。」雷羽毅然道：「绝不能让牠们捉住婵郡主！」

宫本说：「昆仑郡主、刀疤大侠，现在最好的办法是躲在这墓穴内，不要出去冒险，免得被妖怪察觉行踪那可就前功尽弃了。」猿飞急点头：「是啊是啊！浪人讲得有道理！不如大家在此等候婵郡主将神功练成，那时咱们就不必再害怕妖怪啦！」

昆仑和雷羽觉得这话有理，倘若在此静待婵悟出天之卷的玄通召唤术，离开封神陵之后便不必再担心四妖的兽化术了。总而言之，婵绝不能在秋夕月节之前落在敌人手中，否则青冥一旦利用她的鲜血催动灵能，月亮牵引着大海潮汐的引力，势必会扭曲磁场，开启混沌之门并释放出祸神，那残局将会是一大灾难。

「不行！我要去找江岚！」香奈逢遭海难之后变得沉默寡言，这时却突然开口，继续又说：「我相信江岚他还

活着！我要去海边找他！」

「我也要去打听师父下落！」刀狩看了同伴一眼，也跟着说：「三位郡主大人隐居在此，非常安全，但请恕我不能容身。自来福祸原是定数，既然受命于天，我当刚强壮胆，岂可胆小而行？等我离开封神陵之后，必先将四妖的弱点探听清楚，到时候只要能够铲除了首脑，剩下三只妖兽也就容易打发了。」

昆仑想是众人已走到此地步，自无半途而弃之理，便说：「若是有所应为，明知其路不可行，也当竭力而行。你们若是真要离开封神陵，俺必全力支持！」雷羽也慨然道：「只要是应天理、合人情，若有在下能效劳之处，自当竭力支援。二位既已打定主意，准备完毕，不妨随时启程。」

香奈转过头问：「既然如此，你们两个去是不去？」

宫本和猿飞听了这话，面容骤变，神情颇似紧张：「香...香...香姑娘...正...正所谓真人不露相，咱们两个也要去啊？」、「香...香姑娘...咱们真的要出去自投罗网吗？若...若...若是遇见妖怪该怎么办？」

香奈睁大杏眼：「当然要去了！你们两个不打算保护我吗？」宫本先朝同伴瞪了一眼，转脸回答：「船长有难，我们当然...当然...也要去了...」猿飞急忙应对：「浪人既然决定要去，我不妨在此等候，静待浪人归来便了...」宫本怒眼圆睁：「哪尼？忍者！你敢弃我不顾？」

猿飞见同伴不爽，慌张改口道：「依你就是了！依你就是了！天下苍生即将面临浩劫，浪人与我忧国忧民，哪怕受尽千灾百劫，也要跟香姑娘一起同舟患难！」

众人商讨对策之后，刀狩、香奈、宫本和猿飞决定离开封神陵，并且四处探听青冥、释海、姬旦与琥珀的行

踪，昆仑和雷羽则是留守墓室，候盼婵能够早日悟出玄通召唤术的究极奥义，化劫难为祥和，以解沉湮之灾。

虽然婵闭关封洞，修炼玄通之术，索性还有昆仑和雷羽在此守护，二人的铜镰刀与如意风火轮各能召唤神兽丹凤凰和烛龙，再加上婵的鸳鸯钩可释放出朱雀的飓风之力，量是四妖也不敢随意招惹。

待得刀狩、香奈、宫本和猿飞离开封神陵，夜空中传来轰隆隆的雷电交鸣，夹杂着狂风之声。北方天空隐约可见烈焰飞扬，冲天火柱将天山国境内的景色都映成了一片火海。

红光与黑烟显得极为明亮，四人均晓得那是青冥、释海、姬旦与琥珀兽化后所引发的灾难。宫本和猿飞仰望天空，一时紧张得说不出话，刀狩则是担心夜长梦多，尽把一切景物视如无见，吩咐：「别回头看！若不再继续往前走，便会有千万生灵要遭殃了。」

香奈踏步便行，三个同伴尾随在后，往南方离去。当晚浮云飘得甚快，夜鹰在树上啼叫，他们走累了便在树下歇息。

一缕烟雾弥漫着丛林，四条人影映着火堆，左摇右晃。刀狩、香奈、宫本和猿飞依着火堆取暖，盘膝而坐。当下为了暂避风声，便打算在此地露宿一晚，总比好过在旷野行走，更容易被敌人察觉行迹。

宫本绑一条红巾在额头上，添加柴火道：「真是反了，清平世界应该要快快乐乐，哪有妖怪随便出来捣乱的道理？」猿飞喃喃呓语：「浪人，天山悬楼殿应该有许多房屋都已经冲毁，梁柱也全数坍塌，婵郡主现在应该很难过吧？」宫本点头：「是啊！」

刀狩问：「二位，你们想做官有什么趣味呢？神祇的

后裔可世袭先祖之业，职授为玄通召唤师，但这世上偏偏有人能享此大权，这等事情不免太轻易了。天下无一成不变之事，谁知天地间世事多变化，谁能安得万事永久不变呢？」

猿飞仰天长叹：「回首明月清风之中，如此残破不堪的江山，何时才能返回故乡啊？」宫本笑道：「忍者又伤感了，天下之事皆有定数，光是悲伤无益，还是保命要紧啊！」猿飞摇了摇头：「天山国的灾民太惨了，若是能将四妖铲除，那肯定是莫大功德。」

宫本道：「南方地势空旷，再加上沿岸颇多，灾民若是迁往南方，何愁不能生活呢？」猿飞回答：「浪人，你想那只万年巨鲤一旦掀起滔天巨浪，江水大涨，哪还见得到沿岸的土地啊？」

刀狩和香奈均想：「这样说来，无辜灾民就是活该如此了吗？」

宫本叹口气说：「忍者，想当年咱们俩个离开东瀛岛，立志锄强扶弱、行侠仗义，却没想到天底下贫者众多，简直是救之不尽啊！唉！人世间的利害交杂，黑白难分。富者更富，贫者更苦。如今想来，咱们俩真是愧对武行者这三个字了！」

猿飞怒道：「浪人！这就叫荒谬世代，如果咱们将妖兽与富人一并铲除了，天底下哪里还有苦难存在呢？」刀狩听二人你来我往的对话，忍不住插话道：「二位，贫与富、善与恶，全在一念之间，心性不改，杀光了又有何用？二位切记，万不可有此极端想法。」

香奈的心中一直惦记着江岚，根本无心听三人对话，夜里更是困倦难眠，翻来覆去睡不着觉。隔日清早，四人继续启程前往南方，试着探听江岚和钟馗消息，并且询问有关原初之海的事。

他们连续赶路了几个时辰，好不容易穿越天山国与蓬莱国交界，沿途中百亩桑田，忽见前方码头有舟揖聚泊，车马络绎不绝，非常热闹。

刀狩走在前方，一辆马车从四人身边呼飕而过，眼前这座小镇位于天山国与蓬莱国分歧的南端，镇上风景绮丽，景观让人心旷神怡。支流密布的水道河网相联，气候温润，再加上充沛雨量，因此这地方适宜栽桑育蚕。

商贾在镇上桑蚕养殖，自成一幅特殊景观，丝绸商贩的事业特别发达。香奈道：「这地方便是桑泽镇了。」刀狩、宫本和猿飞内心均想：「桑泽镇？」

香奈说：「我小的时候，曾经卖艺行走江湖来过这地方，桑泽镇的气候适合商人培育蚕桑。这镇上有几百户绸丝牙行，规模庞大，专门有人会将丝绸捆织成匹，运到市集做买卖。并且走在街上随时都能听见纺织络纬的声音，所以文人雅士特别喜欢集结在此，英才济济，这座鱼米绸都的小镇甚至还获得了桑泽万绸，蚕丝天下的美誉。」

宫本和猿飞东张西望，睁着圆眼，好奇说：「这座南方的小镇生产丝绸，颇有家业，可不似天山国那般冰天雪地。」刀狩问：「香姑娘，这地方哪里有船？咱们可以到哪里打听到海边的消息？」

香一时之间也摸不清楚地理位置，犹豫：「嗯…我来访此地的时候年纪还小，现在记忆有些模糊，不如咱先四处看看，或许待会儿我就会想起来了。」

猿飞哈哈笑：「那正好！大伙儿正好可以顺便逛逛这地方呢！」宫本脸色一沉：「忍者，走快点吧！难道你不想打听原初之海在什么地方？免得待会儿太阳又下山了，天色黑漆漆那可难找！」

　　四人经过桑林，河边聚集的多半都是年老村民，老农夫提着竹筐，正在碧油油的菜田里种植桑麻。刀狩和三个同伴快步经过，沿途可见满满一筐的盆具堆在地上，有村民倒出热水，浸泡蚕茧，蹲坐在路边抽丝剥茧，随后又取个竹篓把蚕丝绑在筐内。

　　街道上的游人络绎往来，织布机发出「轧轧」声响，车马乘载着米粮，商人贩绣卖缎，气氛热闹。

　　四人走在大街上，香奈的心中稍有犹豫，一时还拿不定主意该往哪去寻找码头，忽听得有个老桑农闲谈道：「自从白云郡主驾崩之后，蓬莱国境内兴起了许多教派，大伙儿凭着一番本领都想要建功立业。因此自立门派的人不问质地好坏，以致品类不齐，时常有人多惹事非。」

　　另外一名农友说：「可不是吗？据说蓬莱国境内有一帮人称呼他们自己为一百零八条好汉，仗着人多势众，大肆猖獗，后来又跑到海上称王，叫自己是什么海洋大盗。」老农道：「哎呀！这群海洋大盗我有听说过，后来他们不巧遇上了传说中的海霸王，真如群羊斗虎，以卵击石啊！那群海洋大盗兵力不足，在混战中被打得不过剩下四名船员，倒霉那四人触犯到衙门又牵扯上了公务之罪，如今已经是损兵折将的风中残烛喽！」

　　农友笑呵呵道：「海霸王真是名不虚传！自从白云郡主驾崩之后，蓬莱国境内到处有人自立教派，名声好一点的开设武行，名声差一点的沦为海贼。索性一直以来都有海霸王在行善事，维持和平，否则蓬莱国境内早已天下大乱，你说是不是啊？」

　　老农转个话题，又道：「话说回来，听说海洋大盗被衙门通缉之后，无论何人，捉拿到案者可悬赏一万两银子呢！」农友惊讶：「一万两银子？那可不是一笔小数目啊！」

刀狩暗想：「那四个海洋大盗还没被捉入地牢吗？」
宫本突然提议：「小法师，天气热口又渴，不如咱们先找
个地方歇息吧？」猿飞急应：「是啊是啊！浪人与我肚子
饿了，没力气可走不动啊！」

当下四人决定先找个地方歇脚，他们前往酒馆，小二
端个盘子摆上桌来，斟两壶酒。宫本和猿飞的酒量极大，
刀狩和香奈只吃了一点肉包和烧卖，又喝了几碗茶水，随
后下楼会帐，忽然有几个男子走进门坎，朗声道：「锦大
人来清场！全都离开！」

刀狩和同伴均感诧异：「是衙门的人？」仔细观看，
其中一名男子身穿软甲，腰带佩着单刀看来威风，原来竟
是掌班巡捕，人称活阎王的锦卫门。四人心想：「糟糕！
真是倒霉！怎么是他？」

话说锦卫门乃是一位武艺高强的巡捕，曾被多次被颁
发过功牌奖誉，此刻似乎是收到了密报才会赶到酒馆来清
查，其余随护一见到刀狩、香奈、宫本和猿飞，立刻围个
大圈将四人困在核心中央，锦卫门缓缓走来道：「先前收
到探子消息，有海洋大盗出来捣乱，终于让我找到了你们
四个！」

宫本和猿飞脸色一沉：「都跟大人您解释过千遍万
遍，咱们几人不是什么海洋大盗，怎么大人您仍旧不
信？」锦卫门道：「少废话了，你们几个还不乖乖投降？
否则就用板刑打得你们屁股开花，叫你们几个佩服本大人
的英雄手段！」

其实刀狩、香奈、宫本和猿飞并非海洋大盗，对此一
事，锦卫门也早就知道，只不过抓不到真正的海洋大盗便
无法交差，恐被革职。

这个时候，只见宫本抽出武器，气宇轩昂的说：「忍
者！咱跟他们拼了！」猿飞从腰袋取出三颗雾弹丸，拿在

手里：「浪人！刚吃饱饭正巧可以舒展筋骨！」说着，顺手将雾弹丸抛在空中，锦卫门的随护喊叫：「不好！敌人想逃！」

锦卫门立刻也拔出腰刀，冲向雾团：「海洋大盗！今日别想逃出这里！」

猿飞的雾弹丸笼罩住视线，混乱中隐约可见人影闪动，也不晓得什么暗器犹如暴雨打着荷叶一般，锦卫门的随护一个个抱头鼠窜，如飞逃命，奔出雾团。

香奈忽听得背后有人赶来，竟是刀狩扯住肩臂，对三人同伴喝道：「诸位！快走后门！」讲完，一脚踢开了后门便走，锦卫门的随护只在雾团前怪叫，却没一个敢靠近敌人。

正逃之时，锦卫门一把揪住猿飞的面罩，大喝：「想往哪里逃？」猿飞急得挥拳乱打，可惜黑面罩遮掩着视线看不清楚，又被对方直把头硬往下按住，再怎么挣扎都逃脱不开：「浪人！救命啊！」

锦卫门大喝：「你这厮要打谁？」正要一把紧紧揪住敌人头发，突然有个人从背后拦腰抱住自己，喝道：「忍者！趁现在快逃！」

锦卫门回头看时，却是宫本卸下了铠甲，脱得赤条条的露出两条肌臂，口里大骂：「可恶！放开忍者！我浪人怕你的，不算好汉！今日就要跟你定个输赢！」双脚一蹬，两人都朝天翻个筋斗，跌倒在地。

二人纠缠厮打，猿飞侥幸得以趁乱逃脱，慌忙叫：「小法师！快救浪人啊！」刀狩立刻抄出纸帖，喊道：「符灵！」

四个头戴纱帽、身披阔衣的太尉突然从雾中涌现，锦

卫门被二人劈胸押住，背后又是两个阔衣太尉扣住了双手，逼住自己动弹不得，怒叫：「可恶！这四个是什么鬼玩意儿？」

宫本睁眼怒喝：「可恶！堂堂一个衙门巡捕，你刚才竟然捏我乳头？」待要动手，却被猿飞和刀狩一把扯住：「哎哟！浪人！趁现在快逃！」、「冷静点！我们快从酒馆的后门离开！」

四人忙把酒馆内的宴席方桌踢翻，顺手举起椅凳抛向了敌群，几个衙门侍卫正要闪避，不慎踩到地上的酒菜滑倒。

刀狩和同伴逃出厨房后门，一层层都是椅凳把后巷堵住。原来锦卫门率众抵达酒馆时，早将前后门户重重围住。待得四人退出酒馆后门，狭巷两端传来几声锣响，侍卫纷纷各亮单刀来拦去路。

香奈、宫本和猿飞均晓得寡难抵众，看要闯出重围唯有硬拼，心中一急，忽听得刀狩喊道：「幻之结界术！三重罗生门！」

阻挡暗巷的伏兵惊喊怪叫，满地乱滚，纷纷逃开。三层巨大铜门冒出地面，侍卫不明其故，争先恐后，向后撤退。眼看那铜门强行拓出路径，整条暗巷的砖墙被震得龟裂成缝，这毁损一时哄动了桑泽镇百姓，齐来围观探问。

刀狩、香奈、宫本和猿飞趁着混乱逃离酒馆，不知不觉竟奔到了桑泽镇的码头，待见船客纷纷走上甲板，四人立刻跟着避入船舱，虽觉船上甚是拥挤，索性船内倒还宽舒。

此时正当日午，只听见岸边传来许多鸣锣放炮之声，街道上往来的游客漫步于画舫与牌坊间。宫本和猿飞将窗纸撕破，睁着眼看了窗外的光景，松一口气：「真是好

险！终于甩开那些家伙，差点儿就要被关进地牢了！」、
「浪人，那个锦衣门真是阴魂不散啊！」

同船的一名游客坐在身旁，恰巧回转头来，深深一拱
道：「咦？我听阁下几位的口音，不似当地人，请问尊姓
大名，到这桑泽镇有何贵干呢？」

刀狩、香奈、宫本和猿飞为了避人耳目，见岸边码头
围了一大堆人，无论在何处下船恐怕都不安全。当下不想
惊动周围的人，猿飞情急应变道：「先生，浪人与我是保
镖，现下护送两位朋友回乡去。这附近有出洋的大船吗？
怎么样才能到达原初之海呢？」

游客摇了摇头：「原初之海？那什么地方？我从没听
说过。话说回来，二位既是保镖，是哪里的镖局呢？」宫
本怒瞪同伴一眼，表情似乎在说：「看你这谎话愈扯愈
大！」

刀狩和香奈均是紧张盯着船舱外看，猿飞满额汗水，
继续掰道：「哪...哪...哪...哪里的镖局？浪人与我是东瀛岛
国的镖局，怎么样？有什么事吗？」

游客遂又追问：「那太好了！东瀛岛国是什么地方？
虽没听过，但你且说说价钱吧？」猿飞睁大双眼，满头雾
水问：「说...说什么价钱？」

游客解释：「几位不晓得当地的风俗啊？且听在下解
释吧！北方离此数百里路，有一座彩云峡，传说山上住着
妖兽，前往蓬莱国的旅客经过彩云峡，都要捐银祭礼，虔
诚拜谢，求仙人庇佑，自能安全离开。若不如此，最后的
下场肯定是船舟沉没，性命难保啊！二位即是保镖，我与
你们四人一起行动，我每天给二位保镖四两白银，酒钱也
随你俩在外打赏，不多不少，你们只需保护我平安渡过彩
云峡就好！如何？」

宫本和猿飞面面相觑，不知该如何回答，刀狩却替二人拒绝道：「不用说价了！先生你不必如此破费银钱，只管放心搭船，江中若遇上什么风险，我包管你平安无事便了。」

游客惊讶道：「小兄弟你这话是说真的吗？这种事可不是当着玩的，船上几百条性命呀！你不是担心我抢了你的保镖，才胡说八道的吧？」转过头去，又向宫本和猿飞追问：「开镖局的要银子就不妨直说，二位快点说个价钱吧！」

香奈盯着窗外看：「糟糕！他们追来了」话才讲完，忽见锦卫门率领两个差役赶来码头，高喊：「停船！快点停船！」宫本和猿飞躲在舱内，心里均想：「妈妈的，咱们四个要被发现了！」

锦卫门一个飞身跃上甲板，两名衙役尾随在后，大声呐喊问：「停船！锦大人有权搜索！这是一艘客船，还是商船？」掌舵的船夫回答：「船上来了几位贩卖商货的，其余的全是游客。」衙役喊道：「靠岸验船！」

宫本和同伴心里均想：「哪有什么功夫跟那家伙闲谈？想办法甩掉这个缠人的巡捕。」当下四人正准备冲出船舱，将锦卫门和衙役一掌打倒，说时迟、那时快，忽见空中飘来两团黑云，霎时之间狂风大作，飞沙走石，遮得天色无光。

船上的人吓得纷纷跳落水中，街坊游客也跟着乱闯乱撞，酒馆附近有许多人被板凳绊倒，锦卫门气得即刻下令，亲自带了衙役跃下码头，飞奔前往，观探情势：「快跟我来！」

这个时候，忽见天空云团现出了原形，一只巨鸟满面红毛，另外一只巨鸟眼似铜铃，两只飞禽均是舞动利爪，向民宅俯冲而下。游客早已吓得魂飞魄散，忽见妖兽逆着

风飞来，锦卫门原本还喝令衙役上前抵敌，不一刻见是两只妖兽，衙役吓得满地乱滚，大喊：「妖怪！妖怪啊！」

刀狩在船舱内见这情况，立时警觉：「是神火飞鸦和鬼域鸟！」宫本、猿飞和香奈也互相骇异，听同伴对自己三人呼唤：「诸位！快跟我来！」香奈先喊：「喂！你去哪里？」宫本惊叫：「小法师！等等我们！」猿飞也跟着喊：「香...香姑娘！浪...浪人！别丢下我独自在此啊！」

转到画面另外一端，锦卫门在长街上被损毁的板凳绊倒在地，眼看人渐散去，满面愁容：「完了！完了！这究竟怎么回事？」

妖兽突然出现在这桑泽镇，恐怕不是什么好兆头，只见神火飞鸦和鬼域鸟探出利爪，将几个倒霉游客拦腰一把挟了起来。

话说锦卫门从小勤学技艺，自幼年时就跟随武师使用跌打药水来泡澡，使其筋骨坚硬如铁，再学扎马步和踩桩柱。初入衙门服役时便已经是力大无穷，十八般武艺件件精通，因此终日在外缉捕嫌犯，未逢敌手。

如今倒霉遇上两只妖兽，吓得目瞪口呆，只恨爹娘也少生自己两条翅膀。眼看就要被怪鸟啄个肚破肠流，忽然背后传来一个声音喊：「快趴下！」

锦卫门还来不及反应，突然有人用脚在自己背上用力一踏，纵上屋檐：「妖怪！我正好在找你们！」

那青年一个飞身稳站在屋檐，从怀中抄出灵帖，大喝：「两只妖兽！敢来送死？」锦卫门诧异：「海洋大盗？」刀狩摇头：「都跟大人说过好几遍了，我们不是什么海洋大盗！」

锦卫门只得硬着头皮磕头：「无论如何！多蒙搭救，

此恩德粉身难报！」刀狩摇头：「大人与我彼此乃是同胞，患难相救，何需拜谢？」锦卫门惊呼：「留神！妖怪又来了！」

刀狩且战且退，跃下屋檐，抬头见神火飞鸦和鬼域鸟的羽翼纷纷缩小，一个肤黑如漆的老人从天空落下，随后是一名秀发披肩的女子，身穿白衫，赤着一双白如霜雪的秀足，在阳光下好似神仙美妇一般。

二人正是由妖兽所幻化而成的释海与姬旦，站在屋檐上，道：「终于给老头子找到了，真是过份！明知道老头子我不习惯在吃饱之后活动。」、「今日真是有缘！几位还真是贪恋红尘啊！可惜上次不受哀家迷惑，今天你们几位，就在此好好赎罪吧！」

刀狩怒道：「少啰嗦！尽管放马来吧！」宫本和猿飞大惊：「小法师！千万别惹毛这两只妖怪啊！」、「浪人！无论什么时候遇见这几只妖怪，总是让人觉得毛骨悚然呀！」

释海的全身突然冒出一阵火焰，身体笼罩在火雾之中，四肢像是烈焰一般烧烫，说道：「垃圾应该是很容易燃烧的吧？叫你们见识看看老头子的干天纯阳之火，老头子我要把你们烧得连灰烬也不剩！」

话才讲完，刀狩忽觉得一股炎热之气迎面冲来，急忙使个护身避险之法，向旁滚开，不巧此处乃是一间贩卖木桩的材行。释海和姬旦跳落屋檐，广场上搭棚伫立着许多条木桩。木材遇火瞬间燃烧，刀狩按照方位踏在桩上，一失足恐怕就有性命之忧。香奈惊喊：「糟糕！你们两个！快去帮他！」

宫本和猿飞见广场上的梅花桩烧得烈焰旺盛，吓得惊喊：「香姑娘不必害怕，小法师自有办法应付！」、「香姑娘！浪人与我没闯过这个梅花桩，不敢冒险啊！」香奈

焦急叫：「我不与你俩斗嘴，快替他想个办法啊！」

这个时候，一个黑影跃上火焰梅花桩，竟是锦卫门加入战局：「小英雄！本大人来助你！」

刀狩本想使用仙网结界困住敌人，陷在火焰梅花桩却反被挟以束缚，突然有人来助自己，急忙催动灵帖叫：「幻之结界术！昆沙天门！」

释海与姬旦猛一眼看见敌人手中的灵帖字迹隐现，忽觉一股极大吸力涌了过来，心中一惊，深怕被那神力吸住再也逃脱不开，释海突然张口吐出一团火雾，喊：「干天纯阳之焰！」

大火声势惊人，竟将平方半亩的梅花桩全数吞入火海，刀狩和锦卫门抵挡不住，同时飞步下桩。混乱中听闻一阵骨节的格格声响，烟雾阻隔，火团中突然飞起了两只躯体庞大的妖物。

锦卫门见那两只邪兽獠牙外露，背上生着又阔又长的双翼，羽翼两端伸平展开，约有二十丈长。这时，街道上恰巧有侍卫赶来救援，一见妖怪又全吓得纷纷避让，因这两只奇形怪状的妖物生平从未见过，众人口中虽明言保护锦卫门大人，心里却恨不得振翅飞逃。

锦卫门和刀狩仍是不敢怠慢，全神贯注天空中的两只妖兽，香奈、宫本和猿飞则被火海困在梅花桩的彼端，不敢随意出手，以免受累。刀狩暗忖：「不妙！若是八岐大蛇和万年巨鲤就在近处，见这大火肯定会被招引过来，必须先想办法引开这两只怪鸟，分散注意！」正在沉思，略一分神，差点儿又被释海的干天纯阳之火烧到衣裤，急忙喝道：「大人！快助我渡过火阵！」

锦卫门将身一跃，又用蜻蜓点水势飞上了梅花桩，一个飞脚踢中木桩，喊道：「留神！去罢！」

那根梅花桩犹如朝天一柱香似弹起，香奈、宫本和猿飞在火海对岸看了皆想：「好大气力！」

木条横飞在半空中，刀狩随即摆开一个千斤坠稳立在桩木上，锦卫门又抬起左脚踢向木桩，刀狩按定步法不乱动，站着木桩飞越了火海，大叫：「三位！快点兵分二路！」

宫本和猿飞尚未反应过来，香奈却已将身一纵，跃上木桩站定，对着天空喊道：「妖兽！来追我们！」

那木条飞向长街远处，神火飞鸦见敌人想逃，振翅飞扑，往刀狩和香奈所站的木桩追去，鬼域鸟则是掀起一阵浓雾，攻向另外二人。

宫本和猿飞失惊地「啊」了一声，立刻掉头就逃。双方作鸟兽散，分别奔向东西两边，而锦卫门原想趁其不备攻击妖兽，谁知敌人动作更快，转眼之间早已不知去向。

且看梅花桩被火焰封住了路，再攻不进阵内，也不知那四人的生死存亡如何，料是凶多吉少。随即又见侍众率了援兵赶来救掌班大人，一窝蜂从背后涌上，锦卫门放心不下，招手唤：「大家快追！」

第十六章 白发青年

眼看锦卫门所踢出的木桩撞向民宅，接着便听一声巨响，刀狩拉着香奈将身一纵，从木桩跃下站定：「快走！」、「啊！那只乌鸦又追来了！」、「咱们躲到树林里去！」

二人连忙回头一看，瞥见那只散发火焰的黑鸦从天而降，神火飞鸦紧追二人不放，展开一双巨大羽翼，往头顶落下。

刀狩和香奈可感觉到黑鸦的两翼搧起焚风，像是刚出锅的蒸气直往上冒，抵敌不过，决定先逃往树林再想办法。

话说桑泽镇的桑树林景物清幽，杂花野树到处都是，刀狩边跑边思索：「遇到这种厉害的怪鸟，必须要用昆沙天门将牠灵能封印住，使其无法兽化，否则便无法镇住牠。」念及此处，忙抄出灵帖往上一举，喊道：「可恶！看你有多大本领，敢在头上飞来飞去？快点束手就擒！」

神火飞鸦忽觉得全身有股力量要被它吸住，下沉数丈，忽又升高，长鸣了一声，挣脱引力。刀狩见结界术并未将怪鸟吸住，甚为惊诧，便将灵帖收回。正要别想妙法，神火飞鸦又像弓箭脱弦似地飞下树林，直往二人扑来。

「小心！」香奈指着天空，喊道：「牠要冲过来了！」

刀狩晓得干天纯阳之火的厉害，眼看自己再要拉了同伴逃走已来不及，神火飞鸦的周围旋起一大团火云与红

雾，急喊：「幻之结界术！两仪之门！」

突然一团云气盘舞旋转，瞬间将二人身体护住，神火飞鸦正要啄向敌人，接着却看刀狩和香奈的身影罩在雾中一晃，不见踪迹。怪鸟大吃一惊，想不到这两人竟有这般厉害仙术，接着便是一阵奇香扑鼻，脑袋昏眩。

神火飞鸦振翅想逃，忽觉一片白雾弥漫，撞到哪里都有拦阻。心里晓得自己中了敌人法术，一个疏神可真不是玩的，立刻飞升逃出重围。

另外一端，刀狩的结界术已经耗尽，再不逃肯定就有性命之忧，拉着香奈借雾遁逃，边跑边说：「两仪之门困不住那只怪鸟多久的，快！看看这附近有没有山洞可以藏身！」香奈指着斜坡下：「那边有条小溪！河岸边应该有许多岩石能够躲藏！」

二人沿着桑林滑下山坡，所站之处是一座溪谷，河床传来淙淙流水声，刀狩为了避免腹背受敌，一面暗中戒备道：「香姑娘妳先走，我在后面掩护妳。」

香奈瞥见溪流彼岸的岩石之间，有一座数丈方圆的大洞，惊喜道：「那边！那边！」刀狩惊喊：「糟了！黑鸦挣脱结界术追来了！快跑！」

二人顾不得危险涉水渡河，疲于奔命也没察觉周围有啥异样，忽然遥空中有一声鸟啼，隐约是从不远处山上传来。刀狩和香奈站在溪流中央，忽觉身后似乎有什么警兆显现，回头看时，哗啦啦的大水迎面涌上：「可恶！怎么回事？」、「啊！是大洪水！」

刀狩和香奈疲于奔命，立刻往反方向逃跑，神火飞鸦刚要飞下扑向二人，突然也感觉溪流变得急如怒浪，滔天大水向两旁扩散开。

刀狩急忙抽出纸帖，手掐灵诀喊：「仙法！结界禁制之术！锁天门！」

一团圆光隐现近处，突然好似有什么无形结界阻挡住大水，将二人全都笼罩。大水涌来，顺势从两边分流开，刀狩凭着自身功力，施展结界术所能防御的地域扩张了许多，此时能催动出一层十尺宽广的无形壁障，若是再多加勤练，所施展出的结界威力势必阔宽数里之外。

香奈躲在刀狩的背后，叫：「喂！我们现在该怎么办？」

掀天波浪愈来愈猛，流过之处淹没了岸边，二人困在大水和结界中央无法逃脱，随即又见神火飞鸦俯冲扑来。忽听得天崩地裂一声巨响，岸边有几块岩石塌坍，被浊流冲得不知去向。刀狩晓得锁天门这类的结界禁法只能防御一时，无法经年累月的持久下去，喊叫：「香…香姑娘！快抓紧我！」

眼看河道中央骇浪奔流，浊水夹杂着黄沙冲向远方，刀狩解开结界术，喊：「快点闭气！」还未讲完，说时迟那时快，忽听见锵当一声响，无形屏障的结界支离破碎，化为满天星雨，转眼消失。

周围传来水流回荡之声，刀狩和香奈浸在水中，浑身瘫软，丧失知觉。当下被一股水势压入水底，全身旋转，潜流将二人冲出数尺之遥，难以喘气：「抓紧！」

刀狩和香奈遭洪流冲得不知去向，神火飞鸦也被大水迫使飞上天空，这样一来，简直又变得如大海捞针。巨鸟昂首飞舞，眼看桑泽镇附近山洪暴发，泛滥的潮势也将大好平原淹没成无际汪洋，浊浪滔天，低处房屋都已漂走，较高之处也只剩下半截屋顶。

神火飞鸦一路飞越激流，远处隐约可见灾民被水围困

而栖身树上，等待援救。遍地汪洋，虽有好些善心人士抢救河堤，哀鸣求救之声仍惨不忍睹。

此时年景甚好，桑泽镇附近是一片青绿色的茂盛丛林，原本还可望丰收，如今却遭突如其来的大水淹没，断树被浊流卷着旋转，大片坍塌的房舍也化为乌有，酿成巨灾。

神火飞鸦在天空中徘徊几圈，隐身飞寻一会儿，把小镇附近一带的山岭、森林和溪流都搜索殆遍，始终不见刀狩和香奈踪影，这才不再追击，折返回路飞去。

话说刀狩和香奈被潜流的暗力压个昏头胀脑，手足不能转动，只感觉到四肢绵软无力。过了好一会，二人才逐渐复原醒转，睁开双眼见到天空中浮云蔽日，惊魂未定之余不见怪鸟踪影，方得喘息片刻。

二人总算甩脱了神火飞鸦的追逐，刀狩坐在岸边，用手掌舀了溪水洗净伤处，先止了手臂两处疼痛，暗想：「可恶…难道这灾害乃是万年巨鲤所引发的大洪水？」眼看自己身上的衣袍被神火飞鸦撕破，索性便脱了下来，撕成条片裹住伤处，又说：「香姑娘妳别担心，由此刻起，我会保护妳安危的！」

香奈暗忖：「我们如今落得如此狼狈，那两个笨蛋又不知道逃去了哪里？安危如何？若是…若是江岚在此的话…」想到这里，忍不住放声大哭：「江岚！你究竟在哪里呀？快点回来啊！」

刀狩试着安慰：「香姑娘，妳不要害怕，我绝对会打倒那四只妖怪的！」香奈一手猛推开对方，哭喊：「你别靠近我！」

刀狩好生诧异，不由怒火上升，大骂：「我见妳是一个柔弱女子，才一直形影不离的保护着妳。要害妳的话，就算九条命也都没有了！看见妳这个失魂落魄的样子，真

叫人感觉很生气，就算幼稚，也该要有个限度！」

香奈哭叫：「即便你不出手相救，我也不会有事的！」刀狩怒道：「算了！妳要怎么想我都无所谓！就这样罢！咱们后会有期！」讲完，掉头就走。

香奈发呆半晌，喊问：「喂！你去哪里？」刀狩回答：「人都不可靠的，这世界上只有两个人可靠，一个是我自己，另外一个是师父！我喜欢一个人行动，妳的担心是多余的！保重！」香奈突然间放声大哭：「哇！呜…呜呜…」

刀狩叹一口气，停下脚步，强忍怒气道：「香…香姑娘…妳别哭…我不走便是了…」

香奈哭得娇音软颤：「我…我心目中所期待的大侠，一直都不是像江岚那样的啊！呜呜…但是…但是每当我和那两个笨蛋有危险时，江岚他总是会及时出手救援…呜呜…现…现在他和那两个笨蛋生死不明…我…我该怎么办才好？呜呜呜…」讲完，痛彻心肺，无奈又是一阵嚎啕大哭。

刀狩心乱如麻，纵有千言万语却连一句话也安慰不出口，只说：「香…香姑娘…妳别哭…乌龟仙人他肯定还没有死！」香奈哭了多时，强止泪痕问：「江…江岚他没有死，你怎么晓得？」刀狩回答：「妳是他的伙伴对吧？既然是伙伴，就应该彼此信任，不是吗？」

香奈精神不济，两眼半睁半闭的呆坐地上，心想：「为何我会落得这般景况？如今活着，还有什么意思呢？」

刀狩见她目光呆滞，盟誓又说：「我是真心搭救，香姑娘既如此多疑，叫我心存叵测，日后便死于乱箭之下。」香奈摇了摇头：「你…你自不必如此多心了…」

刀狩抬起头望着天空发呆，叹一口气：「唉！人人总说银子万能，有问题的时候就用银子解决，偏偏这种时

候，白银和黄金却毫无用处。」香奈问：「我...我们现在该怎么办才好？」刀狩回答：「香姑娘，没有一个监牢比心牢更幽暗，是人心跟自己过不去，改变心态，就能改变生命。至于下一步该怎么走...至少...到现在为止，我们都是这么走过来的，不是吗？」

香奈又问：「我俩只是萍水相逢，为什么要帮助我这么多？」刀狩解释：「唉！以前跟着师父修行的时候，我一心一意只想学成之后，早日出山，替四国百姓斩妖除魔，为了谁而变强，那是我从未思索过的事情。这次...一定要阻止那四只妖怪召唤出祸神才行，不能让四国陪着牠们一起消失！」

香奈叹一口气，黯然道：「在这世界，死亡不断降临，新的生命也陆续出生。一个新诞生的生命，将来或许会经历到同伴的死去，而体验到那种难以面对的悲伤。但是...或许正是因为我们活在这个死亡存在的世上，所以才能有所选择，对吧？」

刀狩毅然说：「既然如此...就让我们好好的活下去吧！」香奈点了点头：「嗯...」刀狩呼唤：「走吧！打起精神！放任那些妖怪作乱不管，可是会遭天谴的！」

二人也不晓得自己被大水冲到了何处，离开岸边，前方不远有座小镇。走入镇上，到处可见灾民在水浅之处抢救楼房，索性大水冲塌了河堤之后便即消退，只剩下残缺不全的断岸。

断裂的栏杆和木条顺水漂浮，混乱中有人装运食物，无数灾民扶老携幼，肩挑背负的忙着救灾善后。

人声喧哗，嘈成一团，年轻力壮的群众速备沙袋和筑堤之物。眼看地势稍低之处全被淹没，刀狩和香奈急忙找一栋客栈避人耳目，免得被妖兽察觉行踪，那可糟糕。

　　二人往大街上的客栈走去，抬头一看，雕梁画栋的匾额刻着「万安客栈」四个大字。迈步进入前门观望，伙计搬运沙袋，正在忙着清理积水：「哎！客官贵驾光临！可惜万安镇莫名其妙淹了大水，明天就是『祈雨节』了，每家每户都忙着准备庆典，咱们的客栈今天不做生意！」

　　刀狩急着说：「小二哥！麻烦让我们俩过夜一晚，我可付你双倍价钱！」伙计迟疑半晌，招手道：「进来！进来！」

　　刀狩和香奈称谢不已，伙计引着二人上楼：「请问客官高姓大名，贵乡何处？来万安镇做什么呢？」刀狩随口敷衍：「我俩的家乡来了一群强盗，因此我带着妹妹到南方来避难。」

　　伙计说道：「那二位来的可真不是时候啊！」刀狩问：「为什么不是时候？」伙计解释：「万安镇最近也来了一群不速之客，在酒馆附近搭了擂台，到处宣武扬威，听说乃是声名远播的海洋大盗。」刀狩和香奈诧异：「那四人摔下山没死，还在酒馆附近搭筑擂台？」

　　伙计点头：「是啊！有一次那些匪徒在酒馆饮了酒不付钱，又将酒楼掌柜打得不可开交，他们闹事欺人，好像是专程来万安镇找人寻仇的。」

　　刀狩和香奈诧异均想：「果真是那四个海洋大盗？」伙计继续又说：「几天以前，万安镇来了两名男子，其中一人是个青年，另外一人穿扮的模样像个驱邪法师。听说二人在海上遇到船难与同伴失散，恰巧闲游至此，也不晓得他们两个是哪里得罪了海洋大盗，沿途被海盗尾随，就这么一路跟踪到了此地。」

　　香奈惊叫：「是江岚！」刀狩急问：「小二哥！你说这几人现在何处？」伙计回答：「万安镇上一共有五间客栈，分别为锦安客栈、平安客栈、福安客栈、天安客栈和

咱们这间万安客栈。至于那几个外地人投宿在何处，我可不知啊！」

香奈急着说：「江岚！江岚他还活着！」刀狩点头：「香姑娘妳别担心！我会尽快找到师父和乌龟仙人的！」伙计道：「这个...虽然不干我事，但我还是奉劝二位息事，免得多管闲事被狂徒打成重伤啊！」

刀狩捧出三两白银，递在对方手中：「小二哥！这消息得您告知，感恩不尽！那几人与我俩兄妹有些瓜葛，盼小二哥您替咱们保守秘密，别将这事告诉他人，千万不可张扬，剩余的事我们自会解决，也会替镇上百姓将那些匪徒赶出万安镇的，您请放心！」

伙计将白银收入口袋，愁眉苦脸的说：「万安镇近来真是灾祸连连，又是人祸、又是天灾的，若是你兄妹俩想与那群亡命匪徒对敌，千万别闹到咱们万安客栈来啊！」刀狩毅然点头：「小二哥您请放心！咱俩一旦查出了匪徒行踪，立刻清空客房，前往别处投宿，绝不会将您的万安客栈牵连在内！」

「但愿如此呀！」伙计退出客房外，一边关上房门一边说道：「真是倒霉啊！明天就是『祈雨节』了，大家都在忙着准备庆典，怎么万安镇却来了海盗又是淹水的，倒是应该改个名，叫万灾镇喽！」讲完，踏着阶梯，下楼而去。

「我们现在该怎么做？」香奈急得面红耳赤，又问：「江岚他真的还活着吗？我们该怎么办？该怎么办？」刀狩分析：「那伙计说这万安镇总共有五间客栈，现下当务之急，是先找出乌龟仙人和那四个海洋大盗投宿在何处。」

二人安排妥当，离开客房往客栈外走去。但见这座万安镇虽然因着溪流泛滥而淹水，积水深度顶多是浅至脚踝，相较起桑泽镇洪流横象的光景，情况实在是好得太

多。

刀狩和香奈换上了破旧的黄麻短衣，装扮与寻常游人无异，走在街道丝毫不引人注目。

二人来到尖庙前，路边有人在清理污水，买卖杂物的贩商则是忙着搬货，香奈转头一看，瞥见尖庙不远处似乎有人搭起擂台卖艺，尽管地面淹水，围观群众仍旧不以为意。

擂台近处有座酒馆，酒馆的二楼传来琵琶琴弦之音，悠扬快乐。几个女侍装扮如天仙下凡，用茶盆托着香茶，体态轻盈的将碗碟等物放在桌上，向客人询问：「老爷要喝茶还是饮酒？」

客官立刻从口袋拿了两吊铜钱，哈哈大笑：「别碍着老爷看戏！来来来！这银子是大老爷赏妳们的，不必吵了。」女侍一见银子无不倾心仰慕，连忙以礼相待：「谢老爷打赏！」

刀狩和香奈见那酒楼陈设了满桌筵席，酒客挥金如土，似乎也不怎么介意万安镇的街道淹水，自顾自地大众言谈，开怀畅饮，欣赏着长街商贩清理脏水，反而还更加称意。

这个时候，香奈突然指着酒馆旁的擂台，喊道：「咦？你快看！」

刀狩瞥头一看，脑海里突然又想起伙计在万安客栈对自己二人说过的话：「万安镇最近也来了一群不速之客，在酒馆附近搭了擂台，到处宣武扬威，听说乃是声名远播的海洋大盗。」当下立即反应，拉着香奈躲到墙后：「果然是那四人！」

只见擂台左右摆着一副对联，写着：「天下第一帮」、「唯我四联帮」再看清楚，擂台上站着四名男子，四人魁梧壮硕，正是海洋大盗的柴进、武松、鲁达和燕青。

　　鲁达在台上耀武扬威，喊道：「有胆子的上来比武，拳脚死生，洒家可是两不追究啊！」

　　一名武师跳上擂台，怒叫：「明天就是『祈雨节』的庆典，好个猖狂的花和尚竟然敢来镇上胡闹？可恶！我和你比武！」柴进在旁叮咛：「喂！刁钻脑袋！拳脚无情，若是自认武艺不济的，就快投降下台啊！否则伤了贵体，咱们可不负责。」

　　武师怒道：「无妨！你们四个目中无人，竟敢来万安镇捣乱，有本事尽管放马过来！」武松对鲁达说：「二哥，这剥皮畜生在此夸口，杀鸡焉得使用牛刀？不如让三弟将他打下擂台。」

　　鲁达摇了摇头：「三弟别出手，你且看做哥哥的怎么对付他。」燕青吩咐：「二弟须要小心谨慎，切勿不可大意。」鲁达点头：「洒家晓得！」

　　武师奋力一跳，使出大鹏展翅的招式，攻向敌人：「我来与你见个高低！」

　　鲁达用一套双龙出海的拳路将对方双手隔开，二人又使出蚂蚁上树和金蛇缠颈，互相对敌，可惜战到数十回合，最后那武师闪避不及，鲁达飞起一脚踢中对方咽喉。

　　转眼只见那武师跌下擂台，摔得头破血流，关注擂台赛的酒客大笑不止，随即有两个徒弟狼狈奔来，扶着气力不支的武师走回家去。

　　香奈遇到这四人，又是高兴又是生气，说道：「看来江岚和你师父应该也在附近了！」刀狩急忙扯住同伴：「香姑娘！等等！」

　　香奈恨不得赶紧跳上擂台教训那四个海洋大盗，再强逼他们招供出江岚与钟馗的下落，刀狩却另有计谋，拦

阻：「香姑娘！先别打草惊蛇！咱们不晓得师父投宿在哪间客栈，先暗中尾随，等到夜晚再次行动！」

二人打定主意，到了傍晚时，万安镇满街灯火愈是热闹。虽说镇上淹水实为不便，毕竟此处和桑泽镇尚有一段距离，因此受灾程度不甚严重。

这段期间，刀狩和香奈暗中尾随着海洋大盗，四人在擂台战打得厌烦，去到临近的馆子，吩咐伙计排上酒菜，饮至深夜方才离开。

海洋大盗在擂台上抛头露面，早已经在万安镇打响了名声，刀狩和香奈乔装成乡佬模样藏在暗巷。沿途二人只听见柴进、武松、鲁达和燕青在夸张自己的功夫本领，不知不觉来到了一处寓所。

话说这座寓所外悬挂着两排灯笼，石牌上刻着「福安客栈」四个大字，刀狩和香奈躲在墙后，窥看一眼：「咦！福安客栈？」

鲁达摸了摸大光头，站在客栈门口说：「怪哉！几天以前，洒家明明见到那两只呆鹅进到城来，怎么一转眼的功夫，就消失不见了？」武松道：「二哥，那两只泼猴先前竟然敢招惹我们，等我武爷爷捉到畜生，第一个先将他们的皮给剥掉！投胎做个剥皮畜生！」

燕青突然转个话题，询问：「四弟，这镇上有什么宽大的客店？」柴进回答：「大哥，这个我都已经打听清楚了，这镇上一共有五间客栈，分别为锦安客栈、平安客栈、福安客栈、天安客栈和万安客栈。这几间当中就属福安客栈最大了，咱们住在天安客栈，却一直没遇到那两个刁钻脑袋，二哥、三哥与我分别都搜寻过了锦安客栈、平安客栈与万安客栈，如今只剩下这间福安客栈还没彻底搜完。」

燕青点头：「那好！咱们今晚就来彻底搜查这间福安

客栈吧！」刀狩和香奈听了此句话，均想：「太好了！踏破铁鞋无觅处，得来全不费功夫！」

柴进、武松、鲁达和燕青大摇大摆的走进寓所，刀狩和香奈随即翻墙而入。二人落下后院，忽见池塘旁一处芦草丛，刀狩拉着香奈躲入丛内，鲁达忽见草丛的芦苇摇动，困惑想：「咦！洒家刚才看着了什么？」

武松和柴进分别在远处高叫：「二哥！快过来这！」、「二哥！东边的客房有些可疑！」鲁达摸了摸大光头，匆匆离去：「等等洒家！」刀狩和香奈躲在丛内，暗想：「好险！」

柴进、武松、鲁达和燕青搜寻半晌，许多住在寓所的人撞见海洋大盗，吓得撒腿就跑，掌柜又怕报官之后会有巡抚前来查访，捉拿海洋大盗势必损坏客栈内公物，便暗自与四人商议妥协，一旦捉到仇家，立即离开。

海洋大盗答应了掌柜，捉到仇家之后立刻退出客栈，因此搜寻时无人拦阻，反倒更加顺利。

只见四人来到一间厢房门口，武松问：「大哥！整间客栈都给咱们搜遍了，就剩下这间客房没查，咱们闯进去吗？」燕青思索：「那道士会使法术，不得跟他正面冲突。」鲁达问：「大哥！要不洒家绕到厢房后面，从花窗潜入？」燕青回答：「无知鼠辈，这间厢房的后面没有花窗。」

鲁达搔了搔大光头，神情甚是委屈，身旁的柴进突然开口说道：「大哥、二哥、三哥，我有个计谋，不怕那两个刁钻脑袋有什么三头六臂，肯定插翅都难飞去！」

燕青、鲁达和武松围观来问：「什么计谋？」柴进也不冲动，从袋子取出一盒粉末：「我这熏香乃是半点味道都没有，无论何人，只要吸入一点粉末，就会立刻变得筋骨酥软。」

三人听了大喜，柴进连忙施展个夜行术接近厢房，在窗纸上用唾沫舔湿，悄悄地把纸窗戳个小孔撕破，探头从花窗的小孔窥视去，可惜黑漆漆却看不到任何东西。武松急问：「四弟，如何？见到什么没有？」柴进摇了摇头：「真是妈巴膏子！看不清楚啊！」

鲁达忍不住接近二人，吩咐：「别管那么多了！让洒家来动手吧！」说着，立刻从同伴的手中抢过熏香，对着撕破的窟窿吹气，就往厢房内透送那盒粉末。

柴进急要取回香盒，惊喊：「二哥！你使错方法了！」武松也吓得退后：「二哥！你怎么如此性急？」鲁达恍恍惚惚，问：「贼...贼厮鸟...洒家怎么突然...感觉好晕？」柴进急问：「二哥！你感觉如何？」

不料熏香的气味已经散开，鲁达打了两个喷嚏，柴进和武松恰似遇上瘟神一般，赶紧退避。燕青也不晓得房内的人是否睡熟，却又不敢进去，忽见鲁达扑倒在地，惊慌吩咐：「糟糕！三弟、四弟！你们两个快点进去查看情况！」

柴进立即抽出尖刀，试图要将木门撬开，撬了半天却打不开门：「可恶！妈巴膏子！这门是怎么回事？」

「四弟！你扭扭捏捏像个娘们似的！熊样的！走开！让我来！」武松手执单刀，一腿将房门踢开，撞进厢房之后立即就将床铺砍成两段，大喊：「剥皮畜生！你武爷爷在此！快认命吧！」

刀狩和香奈躲在远处观察，待见敌人冲入厢房，想再出手拦阻却已不及，暗叫：「糟糕！」

眼看武松冲入房内，手起一刀往床铺砍了下去，掀开蚊帐，哪里晓得并无人睡在里面。柴进和燕青撇弃了鲁达奔入厢房，忽听得室内一声巨响，三人脚下如同落空一般，瞬间陷在一个深坑里，黑漆漆的不知是啥所在，只觉

得浑身粪臭。

这个时候，钟馗扶着江岚走了过来，哈哈笑道：「早知道你们几个会有这样的手段，幸亏老子我早就识破，否则在床上给你们暗中刺死，也说不定啊！」

刀狩惊喜叫：「师父！」香奈也喊：「江岚！」

二人奔近，钟馗回过头看：「哈！怎么你俩也找上门啦？」刀狩的心中百感交集，呼唤：「师父！这些日子来您去了哪里？怎么会沦落到此镇？」钟馗笑道：「这地方臭气冲天，不如咱们先回房去，我再解释清楚。」刀狩疑惑：「这里不是厢房吗？」

钟馗将房门上的纸帖撕下，原来这地方并非客栈厢房，乃是后院的大屎坑。他用结界术欺哄敌人走向屎坑，柴进、武松和燕青一脚踏进茅房，立刻跌个浑身屎尿。只见三人手里抓屎，嘴里喝尿，这才晓得是落在了茅坑之中，均想：「真是邪门！刚才在房外偷窥时，这里明明就是一间厢房，怎么突然变成了屎坑？」

柴进、武松和燕青挣扎着爬出茅坑，才想开骂，粪水却流到嘴边，身子一沉又落下了坑底。

待得钟馗撕掉纸帖，众人这才看清楚此地不是厢房，而是一座粪坑。刀狩恍然大悟：「原来如此！师父开启了两仪之门的结界术！」钟馗乐得哈哈大笑：「真是粪坑里的石头啊！又臭又硬的，你们几个要吃敬酒，还是要吃狗屎？看来是想吃狗屎了…」

柴进、武松和燕青赶紧爬出茅坑，恰巧离此不远有个池塘，当下也顾不得天冷，跳下池塘连头都埋入水中，刷洗片刻，爬上岸边将衣服拧干：「奇怪！难道遇着了妖魔鬼怪不成？」

武松急忙用凉水将昏睡的同伴灌醒，鲁达睁开双眼，惊问：「啊！洒家这是来到了什么地方？」武松怒骂：「真是熊样的！二哥！不要胡里胡涂了！赶快醒来！」鲁达困惑的问：「大哥、三弟、四弟！你们刚才是去了哪里？怎么浑身粪臭？」

柴进、武松和燕青被这么一提，倒显尴尬，支支吾吾的说：「这个...这个...」钟馗笑道：「你的兄弟跌落茅坑，简直就是老虎和猪生的。」

鲁达不懂为什么对方骂自己同伴是老虎和猪生的，刀狩却听得明白，在旁解释道：「师父他的意思是说，你的兄弟像是老虎和猪生的一样，又恶又蠢。」

鲁达这才恍悟：「洒家说这地方为何粪臭，原来竟是大哥、三弟和四弟跌落了粪坑里面？」

柴进、武松和燕青狼狈地将衣服拧个半干，还觉得身上有些粪臭，气得掉头就逃：「可恶！刁钻脑袋！给我记住！」、「兔崽子！下次再在路上遇见，我武爷爷肯定要剥了你们这些畜生的皮！」、「哼！此仇不报非君子！无知鼠辈！我们后会有期了！」鲁达紧紧尾随在后，呼喊：「大哥！三弟！四弟！等等洒家！」

钟馗用两仪之门迷惑了海洋大盗，使其乖乖地跳落粪坑吃屎，自是拍手大笑。刀狩走过来问：「师父，在海上发生船难之后，你们究竟去了哪里？」

钟馗正要解释，突然听见香奈的惊叫声传来，喊：「啊！江岚！你的头发怎么了？」刀狩转头一看，江岚相貌消瘦，原本乌漆漆的黑发竟变得雪白如霜，不由心惊，也跟着叫：「乌龟仙人！你的头发！」

第十七章 巨鲸奇遇记

江岚目眶深陷,白发披肩,刀狩和香奈均是非常惊讶,急问:「乌龟仙人!究竟发生了什么事情?」、「江岚!你怎么了?」

江岚垂头丧气的发呆半晌,脑海中浮出一个记忆:

「诸位!小心!抓紧浮叶!」刀狩对同伴喊,宫本和猿飞吓得怪叫:「啊!海啸要涌过来啦!」、「浪人!我不想死在海底啊!」

突然之间,一大团黑影迎面而来,两仪锁天之门的结界术被那庞然大物所阻,万层崩浪又从背后袭卷而上。乘载众人的竹叶轻舟被漩涡打得东倒西歪,钟馗一个飞身跃出竹叶片,双手拉住宫本和猿飞的肩膀,掷向刀狩:「大家千万别被大水冲散!徒儿!照顾好他们!」、「哎哟!大师!您做什么?」、「大师!您要去哪?」

江岚看见钟馗急救两个同伴性命,也使出最后一点力气扯住香奈,唤:「香...前...前途珍重!」香奈忧急叫:「江岚!」

轰声震耳,忽见大海前方出现一只大鲸鱼。那巨鲸略一转身,背鳍浮出海面,立刻激起数百丈高的崩浪,呼吸时所喷的水气更是有如擎天之柱,上空竟被冲开一个云洞,彷佛倾盆大雨,溅出四十里外。

不消顷刻,结界术所造出的海底隧道已被巨鲸和崩浪所毁,钟馗和江岚溺在水中无法呼吸。巨鲸在海中喷水为戏,冒出水面一会儿又沉了下去,江岚忽感到周围有股极强吸力。

眼看这条大鲸鱼横海而来，身躯体积比战船还要大上百倍，当下也无法跟那力量抗衡。深海巨鲸大口一张，无论蚌蛤海螺还是虾兵蟹将，全都只能被强行吞噬。

随即又见巨鲸竖起脊翅鲂须，一阵掀天揭地的惊涛骇浪滚起几百丈高，江岚和钟馗顺着洋流，涌入鱼腹。

二人除了耳边听见海啸之声，什么也观察不清楚，突然一阵海浪左掀右荡的涌来，江岚和钟馗在水中逆行翻滚，口中只觉得海水奇咸，全身均是累得筋疲力竭。

钟馗勉强爬起，喊道：「小子！撑着点儿！」

江岚曾在船上被青冥一口咬住了肩膀，任凭敌人吮吸鲜血，这时早已浑身麻痹，说道：「我...我...我的身体好热...」钟馗与浪涛拼命搏斗，同样也是累得头昏目眩：「可...可恶！小子！清醒一点！咱们俩决不能葬身在这鱼腹内！」话才讲完，突然一阵澎湃的海浪淹没头顶，二人像是受了震波冲击似地，昏迷过去。

也不知究竟过了多久，周围海水由热转凉，钟馗渐渐苏醒：「他...他奶奶的...现在又是什么情况？」左观右看，却不见江岚身影，急喊：「喂！小子！你在哪里？」

大鲸鱼的肚腹内无边无际，哪能看得见陆地影子？钟馗点燃火折，打算在鱼腹内先择一处可歇之地，边走边搜寻同伴，又喊：「喂！小子！听得见我说话吗？」

呐喊声不断在鱼腹内回荡，脚下波涛翻涌，钟馗低头一看，有无数条小鱼游来游去，再看周围搁浅了几艘双桅折断的沙船，这才晓得原来全都是被巨鲸所吞吃的美食。

「他奶奶的！可恶！难道真的被人铁齿说中，我今日在江中翻船喂王八？」当下已累得头昏目眩，突然瞥见不

远处有个白影，钟馗鼓起勇气奔了过去，喊道：「太好了！小子！终于找到你了！」仔细一看，江岚头朝下、脚朝上，躺在一滩黏稠液体中。

原来，江岚被海浪冲走，直沉到了鱼腹深处，头发浸泡在胃液中，竟是染成全白色。钟馗虽见他胸口尚有余温，恐怕是危在旦夕，把心一横，索性翻转身抱住了同伴，拼命拉出胃液：「小子！快点醒醒！」

江岚的口鼻挂着几片海藻，渐渐醒转，全身筋骨痛如瘫痪一般，道：「钟...钟馗大师...我动不了...」钟馗不肯舍弃同伴，也不畏那巨鲸胃液，扶住手臂吩咐：「慢慢试着走一走。」

江岚热得浑如火炭，筋骨关节格格作响，勉强站起，便觉得骨痛如折，不由「哎哟」一声，跌倒在地。钟馗心想：「糟糕！小子受伤严重，这样岂不成了残废？」

江岚吐血不止，一连数次，吐出许多淡红鲜血。钟馗急忙将他的衣袖撕开，果见肩膀紫黑，肿得溃烂，便道：「那只蛇妖好歹毒，若不及早治疗，此命休矣！」边说边从口袋取出丹药，捏碎了抹在伤口上，又说：「小子，你的性命虽是保住了，但愿会有仙缘遇合，否则这双手臂恐怕也不能使用了。」

江岚浑身疼胀，正感觉伤处痛如刀割，对方手中的火折突然熄灭，钟馗惊喊：「糟糕！」

不料火折才刚烧完，巨鲸肚腹内忽变得光霞耀照，好似有千万点繁星洒落在水中。二人仔细一看，原来竟是被巨鲸所吞食的蚌壳中各藏一物，那物光华灿烂，乃是通体圆滑的夜明珠。

钟馗的脸色转惊为喜，笑呵呵道：「看来真是石头抛上天，总有落脚处啊！原本还在担心火折烧完之后该怎么

办，没想到海底遍处都是奇珍异宝？这蚌壳中的夜明珠方便携带，取来藏在身上当作照明之用，岂不美妙？」当下从蚌壳中取出许多颗夜明珠，佩在身边，但想今番虽受了许多危险，索性江岚人已救到，便不再埋怨。

二人差点儿就葬身鱼腹，待得江岚在伤口抹上药粉之后，脸色已由苍白逐渐转成淡红。

另外一端，钟馗暗中观察同伴举动，见他时而仰头长叹，时而满面愁容的举手搔弄白发，显然是一时愁过一时，好似心中有万分为难，便只能安慰：「小子！倘若命中注定该有这些劫难的，那可逃避不得。此时先想办法离开鱼腹，以速为妙。」

江岚不知受了多少痛苦，听了对方宽勉几句也只能强忍悲伤，索性抹了药粉之后已经逐渐复原，四肢筋骨也有了知觉，说道：「钟...钟馗大师...多谢你的救命之恩，待...待我...咳...咳咳...」才讲半句就变得喘气如牛，肩膀渐渐发痛。

钟馗安慰：「小子你先静养片刻，我想办法带你离开这鬼地方！」

江岚无法动弹，全身忽像是被困在冰窖，倒在地上不停发抖。钟馗伸手去扶，触摸之下，却感觉对方的手脚冰冷异常。且见江岚双颊惨白，全身僵硬，犹如坠入万丈玄冰之中，冻到嘴唇发紫，牙齿不住打颤道：「我...我...我...我好冷...」

钟馗恍然一惊，暗想：「糟糕！难不成蛇妖的毒质带有热毒和寒毒两种不同威力？」连忙将同伴身体扶起，吩咐：「你别乱动，快点催动灵能，运功调息！」

江岚的全身却仍旧不断发抖，似乎魂魄都被卷入玄冰：「我...我该...我该如何催动灵能？」钟馗诧异：「你不

懂得使用灵能？」江岚摇了摇头：「我...我没学过...」

钟馗恍然大悟，心想：「是了！这小子太过依赖万古神器，遇见危险时总是使用神器的灵能来化险为夷，以至于不懂得如何催动灵能，运功调息。」念及此处，又说：「喂！小子！天地万物皆有灵能，万古神器的灵能虽然潜藏着巨大威力，但灵珠的力量乃是用来补足人所不济之力。现在的你受热毒与寒毒所苦，万古神器又被那只蛇妖损毁，再无法依赖灵珠的力量抵抗蛇毒。我必须以自身灵能来助你抗毒，可惜老子修为有限，也不晓得究竟能帮助你多少？」

「天地万物皆有灵能？」江岚听到这句话，脑海中回忆起刀狩曾经跟自己说过的事：「灵能是一种震动波，会随着物体的形状变化而有所不同。我所学习的结界术是一种操控灵能的武技，身体所散发出的灵能，会像雾气一样包围着四周，在紧要关头时激发出潜在的力量。」

「小子你发什么呆？快点盘膝坐定！」钟馗急忙相助同伴运功抗寒，没挡多久，全身也开始渐渐麻痹。江岚的嘴唇变紫，感觉身上的体温似乎正被寒气吸走。

钟馗见他脸色一阵红一阵白，随后又转成青色，心里晓得这蛇毒厉害，急将双掌搭在对方背上，喊道：「喂！别束手待毙！你小子快醒一醒！」话才讲完，忽感觉自己体内的灵能也像泄洪似涌了出去，尽被吸入对方体内。当下对这蛇毒的威力更加惊讶，试着要将双手挪开，不料却完全抽拔不开。

江岚感觉虚弱，突然一股暖流从丹田涌入，散到四肢，全身一股说不出的舒畅。正在迷糊之间，却听钟馗在背后怪叫：「他奶奶的！快起来！别睡觉！你这一睡便不会再醒！」

江岚听见钟馗的声音，突然睁开双眼，精神一振，虽

不晓得该如何催动灵能运功，还是勉强挺起胸膛道：「我...我还不能死！」钟馗喜出望外的喊：「这就对了！继续坚持！」

虽然说江岚从未学习该如何催动灵能运功，平时总是依赖万古神器的神力召唤玄冥龟，毕竟灵珠汇聚了几百年天地山海的灵气，那股灵能经过了历代酝酿，吸收日月精气，并非人的修为所能达到之境界。

眼前这情势乃是生死悬在一瞬间，蛇毒威力纵然厉害，索性江岚过去曾用万古神器多次召唤玄冥龟，那股灵能早已日积月累的留在体内。如今误打误撞又被钟馗所催动的灵能激发，牵引而出，这两股力量一旦遇上蛇毒就会互相排斥，抵抗毒质的威力也就大为增进。

又过了半个时辰，江岚的口鼻不断冒出白烟，虽然毒质尚有大半余未除尽，却感觉体内蛇毒大为减少。钟馗从背后窥看对方的肤色渐转红润，双手便迅速抽离肩膀。

江岚闭着双眼，昏昏欲睡，如今虽感觉蛇毒威力还残留体内，丹田中却也多了一股力量帮助抵抗毒质，正觉奇怪，突然醒悟：「啊！是了！钟馗大师正在助我抗寒！」

原来，钟馗催动灵能相助同伴御毒之时，自己的灵能竟然也被蛇毒牵引，辗转流入了江岚体内。况且钟馗习得结界术已经有好几十年的修为，只不过经由那蛇毒引导，竟然平白冤枉被吸走了大半灵能，损失六成功力。

再说，捆仙绳的灵石潜藏着极大能量，平时锋芒隐藏，看不出威力强弱，一旦召唤出玄冥龟时，灵能的威力自然而生。因此江岚却也无法察觉异样，只知道同伴正在运劲协助自己抗毒之时，体内多增加了一股灵能。

此刻，江岚的身体虽然依旧感觉有些虚弱，毕竟体内拥有万古神器和钟馗的灵能相助抗毒，歇息半晌，已经可

以自行走动。

状看四周围，蚌壳内所藏的夜明珠将鱼腹照个四壁通明，犹如水晶山洞一般，钟馗吩咐同伴再多休息片刻。两股灵能的真气非常旺盛，顺着阳蹻脉循环，江岚偶尔觉得奇热与奇寒之气分别由腹部和肩膀流过，却不晓得毒质威力已尽数被灵能所消灭，暗想：「不晓得香和其它的人现在如何？」

钟馗擦拭额汗，站起身道：「他奶奶的！这是什么奇怪毒质？威力竟然这般厉害？小子，好在你福大命大，否则可死得冤枉！」

江岚不再感觉手脚冰冷，只是身体依旧虚弱。二人顺着壁洞边的水流循去，大约过了半个时辰，忽见前方大放光明，各式各样的奇鱼贝壳和珊瑚海藻相互辉映，种类何止千万。

钟馗扶着江岚爬上一艘搁浅的大船，抬头瞻望那断裂木桅，可想这只深海鲸鱼当初张开了比城门还大百倍的巨口，强行吞食船舟的光景是何等惊险？搅动的海水激成急漩，巨鲸鼓浪扬鳍，船只承受不住怒海排荡，沉入鱼腹之中。

念及此处，不由得再度胆颤心惊，江岚双眼呆滞，喃喃呓语道：「想不到海底生物的种类这么多，就算遇上了比玄冥龟还大百倍的海王类，似乎也不足为奇了。」钟馗说：「小子，这类大鱼乃是千年之物，看似庞大凶狠，实则蠢如畜生。若非咱俩在海上遭遇船难，这类巨鲸并不伤害人类，终年栖息于深海之中。而最可恶的还是那四只妖怪，若叫老子逃出此地，定将牠们铲除，免得贻害人间！」

江岚问：「钟馗大师，我们该如何逃出此地？」钟馗回答：「这有何难？用火药炸穿鱼腹，游到海面上。」江

岚摇了摇头：「要能这样，自然最好，只是这深海里，哪来的火药呢？」

钟馗搔腮弄耳：「这...这个嘛...」江岚忽问：「钟馗大师，你还能不能施展结界术呢？」钟馗点头：「这个当然！」江岚追问：「众多结界术之中，有什么方法能够撑开巨鲸肚腹吗？」钟馗灵机一动：「小子！站稳啦！我试看看！」说着，摸出纸帖，抛在半空中喊道：「结界仙法！三重罗生门！」

巨鲸鱼腹的壁洞突然剧烈摇晃，只听得地底传来一阵响动，一扇巨大铜门彷佛石笋似冒出地面，江岚双腿一软，跌坐在残船甲板：「哎哟！」

「咦！怪哉？怎么只开启了一道结界之门？」钟馗再次催动灵能，又喊：「结界之门！三重罗生门！全开！」脚前的壁洞传来巨响，第二扇铜门却只开启了半截，冒出地面之后立刻卡住。当下再喊：「他奶奶的！结界之门！全开！」

殊不晓得自己曾催动灵能，协助江岚御毒驱寒之后已经损失了六成功力，饶是如此，巨鲸鱼腹也被搞得翻天覆地。突然之间，一股寒气迎面扑来，整座壁洞都开始剧烈摇晃，冒出地面的铜门突然龟裂，瞬间竟被大水冲垮。钟馗惊喊：「小子！快抓紧船栏！」

虽然说江岚体内的蛇毒已除，性命总算保住，可惜毒质对于肉体上的伤害已经造成，况且万古神器被青冥损毁，遗落在大海深处，江岚再也无法召唤出玄冥龟，仍旧与残废无异。这时又见钟馗施展结界术，铜门撞得巨鲸鱼腹绞痛，因此张开巨口，想吞海水止痛。

眼看鱼腹内的壁洞被怒浪搅动，立时激成无数急漩，江岚和钟馗紧抓着残船栏杆不敢松手，奇鱼贝壳和珊瑚海藻纷纷被海水拒在后方，过目而逝。

任凭海浪如何颠狂，二人稳坐着船骸浮木，顺着壁洞冲向气孔。钟馗大喊：「小子！抓紧啦！」才刚讲完，突然眼前大放光明，海面上波澜壮阔，水柱涌起，直达数百丈高的天空。

顿时只见巨鲸如高山而立，一会儿冒出水面又沉下去，时隐时现，消失在万里方圆的海面。江岚和钟馗所乘的残船奔涌而来，甲板上许多浮板都被万重崩浪给冲散，转眼便拒出百里之外。

此番际遇让人看了惊心目眩，索性二人逃出巨鲸鱼腹，总算命大。远方三百多里的海面一望无际，隐约可见渺小岛屿，钟馗开口道：「小子，此去天山国还有不少路程，咱们俩必须赶在妖怪抵达之前，先找徒弟和你朋友，你有精神走路了吗？」

江岚点头：「嗯！我不要紧！就可惜捆仙绳遗失在大海了，否则我们可用沧水界限由海底穿行，比起走路还快得许多。」

钟馗微笑：「凡事当退一步想吧！生命有高山也有低谷，这世上毫无一帆风顺的人生。要提得起，就得先学会放下，提得起是乃一种勇气，放得下就需要一种胸怀。小子！你的万古神器虽遗失了，咱俩没在海里翻船喂王八，总算也是福大命大。如今你那三个朋友和我小子以为咱俩死不瞑目，心中肯定是牵肠挂肚，眼下若能平安抵达天山国找到他们，我就很高兴了！」

江岚越想越过意不去，起身便要行动：「钟馗大师，我已经痊愈了，你不要担心，咱们即刻启程！」

且见天空吹过一阵微风，海面起了千层波纹，二人随着船骸漂浮，一路看那朝阳如何从东方升天，夜晚时又看半轮明月在星云中隐现，就这样在海上渡过几天。

　　迷惘中也不知过了多久，残船终于侥幸飘到岸边，钟馗急忙背着江岚跳入大海，游到沙滩。天上云层密聚，二人被雨水溅得满身湿衣，躲在树下只听见树上蝉鸣和草地的虫声唧唧相应。

　　新雨之后，南边碧空万里，北方却是云海如潮，参天古树的峰峦美景全都隐没在云层之中。江岚急要打听同伴下落，也无心观赏风景，指着北方说：「钟馗大师，咱们一直往东北方走，便会抵达彩云峡，若是沿着烽火台继续往北行，就能抵达天山悬楼殿。」钟馗点头：「那好极了！」

　　二人在海滩附近的村镇住了一天，准备干粮，隔日启程往北方出发。沿途又经过一座荒山破庙，匾额歪挂，隐约听得梵音诵经之声。二人前往庙中寻访，却没打听到同伴下落，心中正纳闷，庙宇的住持说道：「二位施主沿途受尽饥寒，前方不远有个万安镇，『祈雨节』的庆典就快开始，若是二位施主抵达镇上，那时什么东西都可以买得到，或许也能打听到二位所要寻找的人。」

　　江岚心想：「祈雨节？」

　　钟馗和江岚向庙宇住持道了谢，继续启程，前往万安镇出发。二人来到镇上，路边有几个商贩在街道上搭起摊架，卖着豆花和汤圆的担子。只见游客熙来攘往，江岚和钟馗肚子饿了，便择了一个卖蒸包的摊贩，坐在木凳问：「小二哥，几天以前，你有没有看见四个人，三男一女，从此地经过？」

　　摊贩忙着将香料咸菜夹入碗中，笑问：「客官你是指我的客人吗？」钟馗随口应了，边吃边打听：「嗯！」摊贩再问：「是吃荤的还是吃素的客人啊？」钟馗回答：「我徒弟常年吃素，但我们要找的人与吃荤吃素无关，这四人难得路过，也不知是否有在这镇上投宿？」

摊贩摇了摇头：「那个我可不晓得，不过...这几日天色还不晚，许多摊贩就开始忙着收拾了，听说天山国那边发生了大事，百姓已经迁走了大半数。」江岚急问：「天山悬楼殿发生了什么大事？」

摊贩解释：「听说有洪水将悬楼殿附近数百里方圆冲没，烈火和狂风冲天而去，灾民非死即带重伤，简直就是人间地狱啊！」

听到这里，二人立即恍然大悟：「此乃四只妖兽所为！」钟馗吩咐：「小子，时已不早，咱们应该尽快启程。」江岚点头：「嗯！」

旁边一个正在吃饭的客人正好窥探动静，食物和话语一起夺喉而出：「正所谓人聚混杂，人散清静，我猜那些百姓都是胆子太小，只不过是个天灾嘛！无论遇到什么厉害阵仗，请个法师来消灾解难就好，怎么倒惊慌的往南方迁移来呢？」

钟馗脸色一沉，打岔道：「患难相持，原本就是我辈应为之事，何况又是四国百姓有难？你怎么可以见死不救，还在这边吃饭、放屁，说风凉话呢？」

摊贩不愿双方招惹，连忙赔个笑脸，加倍奉承的转开话题：「吃素的人最为好善了，我看二位师父英气勃勃，慈眉善目，一望便知是个清修之人。明天就是镇上的『祈雨节』了，二位贵客何不留下来尝尝我的手艺，吃一碗香料豆花，将来一定多福多寿哩！」说着，忙着准备板凳。

钟馗指着板凳，对同伴说：「小子！先坐下吧！」江岚遥望街上往来不绝的人影，回答：「不是说要赶紧启程动身的吗？怎么还在此地逗留呢？」钟馗解释：「不吃饱就没力气赶路，现在最重要的事情是撑下去，才有办法找到你的同伴。」

江岚心想这话不错，方始面带悲容的坐在板凳：「好…」钟馗喝道：「伙计！先来两碗香料豆花和一碟咸菜！」

那镇上非凡热闹，卖艺的在路边吞剑，还有术士手持灯笼，正给人托盘算命。不料突然一阵急浪涌来，晃眼便淹没了众人脚踝，行走的游民吓得纷纷回头惊看，喧哗大喊：「哎哟！这怎么回事？街上怎么突然淹起水来？」、「这滩浅水是从哪里淹来的？大家快准备土袋！若是水灾淹过膝盖，可就不妙了！」、「都怪山老鼠把树林砍光了，只顾盗木发财，导致山洪泛滥，所以镇上才会淹水啊！哎哟！明天的『祈雨节』泡汤了，可要变成『淹水节』喽！」

民众议论纷纷，江岚和钟馗正在路边摊吃饭，因隔较远，还未看个清楚。二人转头见许多商贩开始搬运沙袋，路边摊也不禁大惊失色，众人无暇旁顾，陆续都要收起板凳，将手推车移到斜坡高处：「二位！真不好意思！香料豆花和咸菜就算我请客，明天可是热闹的『祈雨节』，今天生意就早点打烊喽！」说完，手忙脚乱的驱赶客人，搬了椅凳，扶着推车转身就走。

钟馗和江岚握着竹筷和汤匙，愣在原地：「喂！你做什么？祈雨节有什么了不起的？咱俩还没吃完饭呢！」

摊贩担心会有大祸将至，赶紧寻一处隐僻之地安置推车，街上不时传来鸣锣报灾之声，有人不悉水性，立刻爬到附近树上避难。积水顺着脚下流泻，江岚不晓得发生何事，惊问：「怎么大家都在逃难？难道这座镇上发生洪灾了吗？」

钟馗见那水势虽然滚滚狂流，浅水的深度却如溪涧一般，摇了摇头：「若是有什么大洪水，这座小镇早就变成汪洋大海啦！」当下扶着同伴先往高处行去，余下再作计

较：「小子！先跟我来！」

近处一个叫卖的贩子手中捧着长靴，想做一番发迹生意，喊道：「来喔！来喔！人界不久会降下一场极大洪灾，汪洋千里，这大海连八仙都无法渡过。明天就是一年一度的祈雨庆典，大伙儿买一双防洪防水靴，可助你下半辈子化险为夷哟！」

钟馗心想：「搞什么鬼？这家伙在跟黑白无常叙交情吗？简直就是胡说八道，鬼话连篇，是想趁火打劫吗？」瞥见不远处的斜坡上有一间药材铺，那店铺屋檐悬了一块偌大匾额，刻着「同仁堂」三个大字。钟馗突然转移注意力，心喜道：「小子！你运气好！咱们正好找到地方替你买点中药熬煮，提神补气！」

江岚问：「钟馗大师，这种情况，药店还会做生意吗？」钟馗回答：「这滩浅水的深度顶多淹死老鼠，况且咱们若不尝试看看，怎么晓得他们不做生意？」

江岚身体太差，多亏同伴要替自己炖些中药提神补气，歉疚说：「这倒也是。」钟馗招呼：「小子你在这儿等着，那边人多拥挤，我去药铺，很快回来！」

江岚浑身无力的靠在墙边，同伴渐渐走远，稍等片刻，果然望见钟馗抱着几大包药材走了出来：「啊哈！老子就说这水势转眼退散，不会再涨，无须逃避担心啊！卖药的果然没有失德，小子你看我替你买了什么药材？」

眼看水势一旦淹没脚踝，片刻又消浅许多，可见状况不甚严重，果然是虚惊一场。江岚兴奋的迎上前道：「真是太好了！」不料拥挤群众之中突然有四人走来，江岚的视线全关注在同伴身上，「叩咚」声响，照面撞个头昏眼花，跌倒在地。

钟馗见街上人海如潮，顿时被阻挡在人墙后方，焦躁

道：「可恶！真是乌龟下汉江，不识东西！没看见老子要过路吗？」

街道另外一端，江岚的额上红通一块，肿个大包，只感觉脑袋天旋地转，非常疼痛。他摸着额头，坐在地上发呆半晌，忽听对方一名男子问道：「哎呀！三弟你没事吧？」

迎面被撞得男子蹲在地上，抚着额头：「可恶！哪个小畜生？我撞着谁了？」另一个同伴笑道：「这个妈巴膏子竟连三哥都敢撞？咱们三哥可是曾经赤手空拳，打死一百只老虎的打虎英雄啊！」

有个同伴又说：「三弟！你不要紧吧？后生鼠辈走路不看路，虽然愚民无知，且容他活一条小命，不值计较。」被撞的男子头昏脑胀：「哪个剥皮畜生，难道不知我武爷爷的脾气吗？敢得罪我就叫你神形俱灭了！」

一个光头同伴笑呵呵道：「三弟你别如此凶横，这模样连洒家看了都感到害怕，更别说是寻常的臭小厮了！哈哈！洒家实在讨厌这等短脚短手的呆鹅，还是趁早打发他吧！」

被撞男子听同伴发话讥嘲，不由大怒，愈是气得厉声喝骂：「小畜生！你眼睛长在哪里？怎么走路不看路啊？还不见机快滚？得罪我武爷爷休想活命了！」

江岚被撞得跌倒在地，想起钟馗还在等候自己，当下也管不得许多，抚着额头勉强爬起，心想：「真是倒霉！」

被撞男子见对方也没道歉，甚不愉快，一手扯住对方膀臂：「喂！小畜生，你这人也太没礼貌！撞了我之后，弄脏衣裤，不但连声道歉也没有，还装做什么都没看见，如此这般，就想一走了之吗？」同伴劝阻：「三弟算了

吧！对他一个修浅力微的后生小辈，何值耗费心神呢？」

江岚心性谨厚，向来总是对人谦和，遇事也肯忍让。虽见对方的口气如此凶恶，心中也有一股怒气，尽管惹厌，毕竟经历了大风大浪之后却反而变得比较沉稳，忍住气道：「对不起啊！」

四人见这青年的面貌非常眼熟，似曾相识，满头白发很是引人注目，一时却想不起来在哪儿见过，愣在原地发呆。

待得江岚逐渐走远，被撞倒的男子拍拍灰尘，站起身问：「大哥、二哥、四弟，你们怎么了？干什么一直关注那小畜生？大伙儿认识他吗？」

光头同伴摇了摇头：「不确定，只不过洒家生平最恨丑人，见那家伙很是眼熟，应该稍微惩处一番才对。」另外一个同伴吩咐：「二弟、三弟、四弟！快走吧！再过几个时辰天就要黑了，咱们可没空闲在此逗留，眼下还在打听那几个后生鼠辈的下落，上次侥幸让他们五人逃走，真是有辱海洋大盗的威名，这次若再遇上他们，肯定要将鼠辈们浸到粪缸里，照照自己的怪相。」

三个同伴听见「后生鼠辈」这四个字，脑海中恍然想起什么，黑脸同伴立时大叫：「啊！大哥、二哥、三哥！我想起来了！刁钻脑袋！是那五个刁钻脑袋！那家伙便是他们的船长啊！咱们快去追他，别让那船长逃跑了！」

原来，眼前这几个壮汉在街上游晃，正是海洋大盗的燕青、鲁达、武松和柴进。四人为了躲避锦卫门和衙役的追捕，避喧求静，一直躲在这座万安镇图个安宁，没想到狭路相逢，如今竟会在此巧遇冤家？

话说锦卫门和衙役在桑泽镇一带搜寻，打听海洋大盗的下落，却始终仍旧一无所获。燕青、鲁达、武松和柴进

害怕在路上遇到钦差，因此绕路抵达万安镇投宿，没想到一个不慎竟会迎头撞上江岚，真可说是非常凑巧。

街道上人群拥挤，柴进急呼：「大哥、二哥、三哥！现在该怎么办？那刁钻脑袋要逃走了！」武松惊问：「四弟！你真的肯定是那剥皮畜生？」柴进语气坚定，点头：「绝对错不了！虽然头发染成了白色，但脸孔长得一模一样，就是烧成灰，我也认得！」

鲁达道：「洒家生平最恨丑人了！但那臭小厮只要有法宝防身，召唤出一只巨大灵龟，多厉害的风浪也打不动牠啊！」燕青计议：「二弟、三弟、四弟！大家先别急躁！那鼠辈跑不远的，为了避免后患，咱们不可轻易露出行踪，夺下他的法宝之后，立刻用麻绳捆绑住鼠辈四肢，免生枝节。」

四人甚有默契，相继点头，挤入人群喊：「让开！让开！」

混乱之中，群众被人冲撞，吓得纷纷闪避。鲁达大叫：「呆鸟！你别跑！」武松也喝道：「小畜生！站住！」柴进跟着喊：「妈巴膏子！挡路的人全都让开！」

燕青骂道：「大哥我不是才跟你们说好了要低调行事，怎么全都当作耳边风？」当下害怕衙役的钦差前来盘查，若是被人通缉，暴露身份反而糟糕，又骂：「真蠢！才刚提醒你们的话，怎么全都忘了？」

江岚正在关注对街的同伴，突然被人拍了肩膀，回头却见鲁达冲来，吓了好一大跳：「咦？」鲁达不等对方响应，纵身跃上，一拳打在牙齿，喊道：「贼厮鸟！看你还往哪里逃？」

江岚的脸颊突然感觉一阵剧痛，半颗牙齿给打了飞去，不觉惊呆，捂着脸颊怒道：「你干什么打我？」话才

讲完，武松随即飞身扑来，拽起拳头：「可恶的剥皮畜生！别以为染白头发，咱们就认不出你的面貌，你武爷爷在此，快来纳命！」

「什么武爷爷？」江岚莫名其妙的捂着脸颊，惊怒：「咦！是你们四个海洋大盗？」武松见对方百思不解的模样，更加愤怒：「今天若不将你这畜生剥皮，我这打虎英雄的名号，岂非贻笑天下？」

江岚气得骂：「可恶！你们四个才是畜生！干什么无故打我？」柴进突然冲来，右手一个劈啪啪的清脆耳光，打得对方晕头转向，喝道：「刁钻脑袋！怎么不还手呢？」

江岚遇到四人已经甚为惊讶，待要开口又被莫名其妙的打了耳光，怒道：「喂！你们几个打我！想找死吗？」鲁达喝道：「接洒家一招秋风落叶腿！」

江岚被柴进掴了好大耳光，来不及回避又被鲁达的飞腿踢中，狼狈摔个四脚朝天，跌得满身都是土灰。

柴进一把揪住江岚的耳朵，大喊：「大哥、二哥、三哥！你们快来啊！刁钻脑袋被我抓住了！」当下恨不得就把对方的耳朵揪下，不料才一使劲，忽听对方怪叫：「呆鹅！仔细看清楚，你扯的是洒家耳朵，不是那臭小厮的耳朵！」

柴进睁大双眼，果然是扯住同伴耳朵，臭小子却不晓得逃到哪里去了。四人好生诧异，武松脸色一沉：「兔崽子使得这是什么幻术？」

正在惊讶，眼前有根杖子飞来，四个海洋大盗急忙向后逃开。燕青、鲁达、武松和柴进见敌人攻势凌厉，难以捉摸，怒气冲冲的抬头注视：「什么畜生？竟敢多管闲事？」

钟馗磨拳擦掌，哈哈大笑：「你们四个就算要欺负人，下手也应该要有点分寸才是！」武松怒问：「邋遢术士，是你用妖法干扰我们？」钟馗回答：「老子我玩我的法术，与你四人有啥相干？」

燕青摇了摇头：「前辈要玩法术与我四人无干，但是咱们找仇家算账，前辈却纠缠干扰，这是什么意思？」钟馗回答：「四位说得有理有理，老子我真是进退两难，不知怎么样才好。」

鲁达对同伴说：「大哥、三弟、四弟！跟他啰嗦做什么？不如洒家先将这老术士打得七死八活，煞一煞心头之气。」武松哈哈大笑：「二哥的拳头坚如盘石，这般揍人岂不是要将他活活打死？」

不料趁着自己四人闲谈，钟馗突然一个幌眼，闪到江岚的身边：「小子！快走！」柴进睁大怪眼，喊道：「大哥、二哥、三哥！他们俩要逃走了！」鲁达和武松纷纷喊：「糟糕！快追！」、「剥皮畜生！别逃！」

回顾街道的另外一端，钟馗拉着同伴，二人喘气吁吁，汗流浃背的跛腿狂奔：「小子！再跑快点！」江岚不敢耽搁，跌跌撞撞的推开人群，忽然听见背后有人大叫：「大哥！那两个小畜生在这里了！」回头一看，武松和鲁达迅速追来，人群混杂，又听见柴进骂道：「刁钻脑袋！站住！别逃！」

钟馗瞥见路边的摊贩摆着柠檬，随手抓起四颗柠檬，揣在怀中，往背后掷去：「可恶！真是鬼打官司，阴魂不散、死不让人！」

武松和鲁达见前方黑影掷来，还以为是什么飞刀暗器，吓得躲避，愤怒又叫：「剥皮畜生！站住！」、「呆鹅！别逃！」

钟馗将柠檬掷个落空，又听背后有人喊：「可恶！大哥！刁钻脑袋混到人群里去了！该怎么办好？」燕青回答：「快！从左右两边围攻两只鼠辈！」柴进道：「刁钻脑袋狡猾得很！左右都是巷道，不如大哥绕到屋前，我从面偷袭，咱们一前一后将他们一网打尽！」燕青点头：「甚好！」

「可恶！老子便冷眼观螃蟹，看你们四人横行到几时？」钟馗将最后一颗柠檬塞到嘴里，用力咀嚼，蹙着浓眉道：「他奶奶的！这玩意儿真不是给人吃的！」

武松和鲁达转眼追到，伸手往敌人的肩膀抓去，不料钟馗张大嘴巴，回头将那柠檬渣朝脸颊吐来。

二人不知是计，双眼突然感觉一阵剧痛，显然已被飞沫喷中，气得哇哇大骂：「啊！贼厮鸟，洒家的眼睛！」、「哇！兔崽子找死！」

钟馗急喊：「喂！小子！别停下来！跑快一点！」江岚双腿发软，全身有如千斤似沉重，上气不接下气道：「另...另外二人...追...追来了！」才刚讲完，背后又听得有人声喊：「二哥、三哥，你们眼睛没事吧？」

鲁达和武松被柠檬渣弄得双眼泪流，不停搓揉：「可恶！那两个脓包贼非常奸诈，居然使用这等卑鄙手段！四弟！快去追人！」

燕青和柴进在暗巷内东搜西寻找了半天，杂货摊子的墙边堆置了几个破竹篓，却不见任何人影，二人心中大为奇怪：「可恶！大哥，那两个刁钻脑袋跑去了哪里？怎么一转眼就不见踪影？」燕青摇摇头说：「四弟，我明明看那两只鼠辈往这方向奔去，怎么一会儿就不见了？」

鲁达和武松走上前来，道：「大哥！那两个家伙跑不

远的，大家分头走，再到附近去搜！」

回忆到此，先前所发生的事情彷佛是一场梦，钟馗叹口气说：「那几个王八羔子阴魂不散，若非老子急着赶路，岂能容他们刁顽无礼？」

刀狩和香奈见到江岚闷闷不乐，毕竟平安无恙总算命大，眼下天色已黑，四人便在客栈夜宿。

月色朦胧，此时已是二更左右，厢房内的灯光映照出四个影子。钟馗将驱邪法器全都摆在桌面，擦拭干净，地上火盆置放着木炭，燃烧取暖。

刀狩先安慰道：「乌龟仙人，日后的事情都交给师父和我来办吧！我们会找到你和香姑娘那两位朋友的！人生无常，你也不要太难过了。」江岚摇了摇头：「我能够活到今天，乃是托钟馗大师的福，这命是侥幸捡回来的，接下来该怎么做，有何吩咐全听钟馗大师的就好了。」

香奈急问：「大师，江岚伤得怎样？还有没有办法医治？」钟馗回答：「小子的伤势严重，虽然我曾用灵能助他运气，勉强保住了性命，但恐怕已经无法再战，接下来与四妖难免会有一场恶斗，咱们大家必须赶紧找到神祇后裔，参悟玄通召唤术的解禁之法，才有办法封印四兽。」

刀狩道：「师父，香姑娘与我前往天山悬楼殿时，已经找到神祇的后裔了。」钟馗惊喜：「那太好了！他人在哪里？」刀狩解释：「天山国的郡主，历代以来皆由子孙世袭其职，百姓供奉，户户瞻仰，这传统直到至今为止已经继承了百年数载。」

钟馗点头：「以此类推...继承了这血统而承传下来的神祇后裔，便是天山国的郡主喽？」刀狩点头：「嗯！」

钟馗思索：「玄通召唤术乃是从天山国先祖所流传下

来的一种特殊天赋，要能使用这武技奥义，必须是传承了拥有神祇血统的后裔才能办到。当初还以为天宽地广，要在四国境内寻找神祇后裔，简直等同于大海捞针？索性天山国的永续基业乃是由亲世之交的官爵所传承下来，要寻找神祇的后裔并不困难，难得是玄通召唤术记载于天之卷的经书上，如今这文字天下还有多少人能看懂呢？」

刀狩说：「师父！就算四妖捉到神祇的后裔，还需配合天之卷经书上的内容，才能用玄通术召唤出祸神吧？若是咱们能早一步将经书毁去，四妖也就无可奈何了！」钟馗恍然大悟，拍手叫好：「这主意不错！」

「不可能的！婵郡主不会允许你们这么做的！」香奈连声急道：「别费事了！四轮书的天之卷乃是天山国的贵重宝典，婵郡主既然身为一国之君，岂能容得我们将经书毁去？」

当初在封神陵的时候，婵为了不让宝典的奥义曝光，还曾不惜与大伙儿划清界限。众人心里明白，若是滚动条被毁，婵势必会以性命相搏，多半闹得两败俱伤。

刀狩叹一口气：「可恶！我不甘心啊！大家用尽方法，费了无数心力，死里逃生，难道四国这次真的是劫数难避？」钟馗安慰：「别丧志！事情不到最后一刻，绝不能轻言放弃！」

香奈仍不死心，再问：「钟馗大师！难道江岚的伤势真的永远都好不了吗？」钟馗沉思半晌，回答：「嗯...要有一个平和的胸怀，坏心情都是自己想不开的时候折磨出来的，其实现实并没有想象的那般糟糕。或许...小子的伤势，也不是完全没救...」

刀狩和香奈急追问：「师父！有办法治好乌龟仙人吗？」、「钟馗大师！什么方法能医治江岚？」钟馗回答：「要治好他的伤，或许仍有办法...若是能够找到仙桃

的话...」

众人均是惊讶：「仙桃？」钟馗叙述：「相传在很久以前，桃花水帘洞曾经住着一只灵猴，灵猴以蟠桃为食，吃了之后能医治肉体上任何疾病，包括外伤。」香奈毅然道：「好！我们去！」

刀狩问：「香姑娘，四国郡主还在封神陵呢！那他们该怎么办？」香奈回答：「世事难以两全相顾，我并非偏向江岚这边，只不过他的伤势若是拖延得久，恐怕无法痊愈。」刀狩激辩道：「那四国的安危呢？此刻若是多耽搁一刻，便是多一分危险！万一婵郡主和四轮书的滚动条落在了妖怪手中，休说妳全家大小，连家里的畜口都别想有一条活命了！」

香奈气得杏眼圆睁：「别提及我的家人！你知道我的过去吗？我的家人与你何干？为什么要扯到他们？真是混账透了！」

刀狩的语气稍微平缓许多：「香姑娘！我只是认为诸事应当谨慎，就算妳想替同伴报仇，也等大伙儿先安置好了四国郡主再说。」

香奈一时念起了身世悲凄，心里难过：「你别扯到我的家人！为什么要扯到他们？我虽曾想赎罪，以谢亲人养育之恩，却已经图报无日。这是我私人的隐痛，你别把我的家人牵扯在内！人生遇合多是定数，在这世上，想交个有肝胆的朋友却是如此困难。我曾多次受了江岚恩惠，如今他受了重伤，难道我却弃他不顾吗？」刀狩内疚道：「香姑娘，是我不好，我跟妳道歉...」

钟馗看双方若再拘执成见，恐怕有损情谊，打断话说：「你们两个自己在那边唠叨，怎么不先听听当事人的意见呢？」

众人的视力落在同伴身上，江岚听了几句便觉得心烦意乱，叹一口气：「大家都别吵了…让我自己…让我自己回房静一静吧…」香奈轻唤：「江岚！」

江岚摇了摇头：「香…我以前从不晓得，原来自己那么脆弱。从来都没有受此挫折而自暴自弃过，长久以来生长在海边，我自认为捕鱼的技巧不差，所以认为自己什么都能办到。如今捆仙绳被毁，遗失在深海之中，就算我的伤势能够治好，又如何能够打得赢那四只妖兽呢？」

香奈急道：「江岚…你…你一定有办法的！现在最重要的事情，是先将伤势治好，决不能轻言放弃！」刀狩听了沉默不语，江岚则是淡笑道：「香…谢谢妳…」

「喂！小子！」钟馗颇为纳闷，忍不住打岔：「与其战胜那四只妖兽一千次一万次，不如先战胜你自己一次吧！其实你现在的困境是什么，那并非如此重要，重要的是你需要一颗永不放弃的决心！你终究还是会找到属于自己的方向，对吧？你怎么能够在这时候丧气呢？你必须振作起来！不然就真的输定了！」

江岚摇了摇头：「假如…假如我当初能够更谨慎一点…就好了…」钟馗继续说：「要体会生命，首先要了解什么叫做死亡，死亡会使你领悟到什么是爱、什么是愤怒、什么是悲伤。不过要让自己的身心承受与经历不同的阶段，需要达到适当年龄，也需要光阴的磨练。你要静心等候，等待你经历了爱、愤怒与悲伤之后，你就会完全明白了。一旦等你经过了这些生命的淬炼之后，肯定能像浴火凤凰一样，获得重生！」

江岚不晓得对方说这话有啥含义，敷衍称谢几句，回房就寝。暮夜的天空星月交辉，浮云缥缈，微风将残枝坠叶扫荡个干净。刀狩、江岚、香奈和钟馗在客栈内投宿一晚，隔天清晨起个大早，抵达万安镇的码头，打算渡船前往封神陵去。

第十八章 四轮书之飞空术

刀狩、江岚、香奈和钟馗往码头走去，岸边的天气风和日丽，宛然一幅富春风景图。只见帆舟从河面驶过，后舱坐着一个船夫，双手把木桨朝前反推，浪花卷処，那小船逆着水流划向岸边：「几位大爷，今天可是一年一度的求雨节啊！镇上的客船一位难求，怎么样？几位想搭船渡河吗？」

众人均想：「祈雨节？」船夫指着岸边：「几位大爷，快看那边！」

刀狩、江岚、香奈和钟馗顺目一望，果然看见镇上热闹非凡，每家每户都准备了丰富菜肴，前来摆聚盛席。码头前的广场有群众击鼓跳舞，高歌欢唱，侍女端着蒸笼和五色糯米饭上桌，仿佛正在举办一场祭典大会。

船夫解释：「祈雨节可是一个重要的祭典啊！大伙儿祈求苍天降雨，滋润田地，照顾百姓禾谷丰收，并且纪念大洪水所带来的灾难。」再看左右，播鼓铜响的仪式欢喜洋洋，有人吹笛弹琴，有人欢桌起舞，街边到处张灯结彩，摆设了满桌酒席，供人畅饮。

江岚和刀狩从未接触过这等庆典，眼看群众尽情跳舞，还有年轻姑娘惯卖风情，岸边的气氛洋溢融融，众人沉浸在悦语歌声的欢娱之中。

这时，只见刀狩站在岸边码头的系船石桩上，突然使个翻身鹞子，滚两圈跳上甲板：「先生！谢谢您帮忙！这庆典真是热闹，但我们急着赶路，要往封神陵的方向去！」船夫问：「封神陵？那什么地方？」香奈解释：「是彩云峡！」船夫点头：「彩云峡是吧？那地方我晓得

了！几位大爷快上船来吧！」

香奈扶着江岚走上甲板，钟馗尾随在后，船夫将腿裤卷至膝盖，吩咐：「几位大爷坐稳啦！」讲完，船舟载着众人，往北方驶去。

水底游鱼往来散动，小船轻摇，衬着天空一轮明日，水面的淡雾浓烟全都荡散而开，愈显得江河壮阔。江岚和伙伴迎着微风，彼岸远处的万安镇古意朴素，街道上可见轿夫贪得赏钱，一个个都精神抖擞，脚底加劲，抬着游客往来奔行。

万安镇是个热闹名胜之地，络绎不绝的游人和车马在河滨周围绕行，巷内隐隐传来鸡鸣犬吠之声，野菊和玫瑰更是衬得繁花争艳，貌美盛开。钟馗和刀狩坐在舱内，泡上一壶热茶，再搭配两碟蜜糖瓜子，赏游风景。刀狩向窗外一望，暗想：「不知道乌龟仙人和香姑娘在聊什么？」

画面转到另外一端，香奈心中烦乱，想起刀狩先前扯出自己家人的话题，忍不住又是靥颜容愁。江岚问：「香，妳怎么了？心情不好吗？」香奈摇了摇头：「没…没什么…」

江岚再问：「我知道妳心里难过，是因为家人的事吗？」香奈满脸感伤，愁肠百转的问：「江岚，我曾听人说过，死后有个地方叫做阴间。那地方云彩消散，人若是进入阴间也不会再回来，他不再返回自己的家乡，故土也不再认识他…你说…咱们所相识的人，若是去到阴间，是不是就彼此再也见不到面了呢？」

江岚安慰：「香，若是苍天怜悯，我们也心存盼望，日后必定会和亲人再度团聚的。妳看！我俩分开了那么久，如今不是又再度相聚了吗？」香奈涕泪落下，泄气问：「只是…只是…那两个笨蛋…那两个笨蛋跑哪里去了？还要多久才能找到他们？」江岚替同伴擦拭泪痕：「香！

妳放心吧！我相信相聚之日不会太久的！」

突然间一阵清风从河面荡来，篷帆鼓涨，小船于山峡之间穿行而过。几朵花瓣顺风飘荡，落在二人肩膀：「咦？江岚，这是什么？」二人将花瓣捧在手中：「是野花吗？」

香奈闻到花瓣散发出淡淡清香，喃喃呓语道：「野花啊野花，你也不劳苦，也不纺线，你是怎么长起来的呢？」当下正想揪起花瓣细看，谁知又是一阵清风吹来，花瓣散落开，二人见那野花被风吹散，心中无限感慨，香奈忍不住又是叹一口气：「哎！野花啊野花！风随着意思吹，你听见风的声响，却不晓得风从那里来，风往何处去。野花啊野花！你今天还长在地上，明日就枯干凋谢了，如此脆弱，为何却是万紫争艳，还在花瓣上添增了美丽的妆饰呢？」

这个时候，钟馗离开舱内，扶着船栏走了过来，笑着说：「呵呵呵！暮春降临的时候，微风飘过青草原，羚羊和牡鹿在山岭上跳跃，因为冬天已逝。雨水止住，百花绽开，鸟儿啼鸣的时候已经到来，斑鸠的声音在境内也听得到。山上野花虽然在严冬凋谢，却在芬芳的初春再度绽放，满山遍野，环绕着欣欣向荣的大地，使得万物生长不息。」

江岚听不明白，好奇问：「钟馗大师，你是在说...大地逢春，野花野草经过了漫长时日，再次从沉睡的冬天苏醒过来吗？」钟馗点头：「小子你说不错！在暖煦的春天，必是有些特别景观。」

江岚又问：「什么特别风景呢？」钟馗解释：「春天到来，人们可以感受到阳光照耀在脸庞上，那种温暖的感觉，也可以体会到晨露滴在花瓣上的喜悦。」众人心中暗想：「阳光照耀在脸庞的温暖感觉？晨露滴在花瓣上的喜悦？」

　　钟馗道：「先师曾经跟我说过一句话，这句话和四季也有很大关系。」刀狩在旁听得满头雾水，也忍不住问：「师父，什么话呢？」钟馗道：「当我年纪还小，正准备开始修行的时候，先师曾经跟我说过：凡你所种的，若是不死，就不能生。」

　　众人心想：「凡我所种的，若是不死，就不能生？」刀狩又问：「这什么意思呢？」江岚的心中有些疑惑，不断揣摩：「已经死了的东西，怎么可能还会复活？」

　　「传说在很久以前，世界遭受了空前浩大的灾难，从天而降的烈焰融化了冰洋极海，形成无数川流。当时气温骤降，汪洋也淹没了万亩方圆的地域，使得洪灾横流，岛屿陆沉，生灵更是遭受沉湮之灾。」钟馗沉思半晌，继续描述：「根据先师所传下来的故事，在远古的洪荒时期，四仙人为了要扭转人类荣枯兴衰的契机，遵照天象经纬的指示走遍天下，淬炼出幻化灵珠，最终阻止了这场灾难。」

　　众人心想：「为什么要跟我们说这些事呢？」钟馗道：「某夜傍晚，大地的泉源裂开了，天上的窗户也敞了开。全地各处满是风雨凄惨的光景，雷声震怒，洪水像海啸淹没了城镇，水势在地上极其浩大，天下高山都淹没了。四仙人躲在一个大葫芦内，最终躲避了这场灾难。」刀狩惊问：「师父，以前真有这种事发生？」

　　钟馗见众人听得专注，更加说得起劲：「在水中漂浮的大葫芦就像是一片落叶，迷失了方向，随着海浪荡来荡去，在水中飘流许久，突然『砰』的声撞上了盘石。后来渊源和天上的窗户都闭塞了，天上的大雨也止住了，四仙人逃出了大葫芦，向着山下俯瞰，可惜...」众人追问：「可惜什么？」

　　钟馗叹气道：「哎！可惜凡在地上有血肉的动物，就

是飞鸟、牲畜、走兽，和爬在地上的昆虫，以及所有的人都消失了…」

刀狩再问：「师父！四仙人躲避了大洪水，随后便创立了天山国、蓬莱国、郁树国和翠云国吗？」钟馗点头：「后来四仙人离开了大葫芦，眼前的风景尽是沧海桑田。凡在旱地上，有气息的全都死了，四人伤心难过了许久，便以彩云峡为地界的中心点，先后创立了天山国、蓬莱国、郁树国和翠云国，并且生养众多，遍满全地。」

众人心想：「原来如此…」刀狩点头道：「师父…这大洪水的故事真是有趣，没想到在仙人创立四国的背后，竟然会有如此一段不为人知的历史呢？」

钟馗微笑：「这个『祈雨节』乃是四国境内重要的庆典，为了也就是要纪念祖先的幸苦。求雨仪式是为了要祈求上苍，盼望老天爷能够多降甘霖，保佑国土兴旺，五谷丰收，别再回到过去那般穷困的生活了。」

「祈求上苍多降甘霖，保佑国家兴旺，五谷丰收吗？」江岚听到这句话，喃喃呓语的发呆半晌，不知为何，脑海里突然浮现钟馗先前对自己所说过的话：

「喂！小子！」、「与其战胜那四只妖兽一千次一万次，不如先战胜你自己一次吧！其实你现在的困境是什么，那并非如此重要，重要的是你需要一颗永不放弃的决心！你终究还是会找到属于自己的方向，对吧？你怎么能够在这时候丧气呢？你必须振作起来！不然就真的输定了！」、「要体会生命，首先要了解什么叫做死亡，死亡会使你领悟到什么是爱、什么是愤怒、什么是悲伤。不过要让自己的身心承受与经历不同的阶段，需要达到适当年龄，也需要光阴的磨练。你要静心等候，等待你经历了爱、愤怒与悲伤之后，你就会完全明白了。一旦等你经过了这些生命的淬炼之后，肯定能像浴火凤凰一样，获得重生！」

念及此处，江岚彷佛悟出了什么道理似，豁然开窍，尽将不愉快的记忆全都抛丢脑后：「钟馗大师！我明白了！」

众人惊看他问：「哟？怎么回事？」香奈杏眼圆睁，愣道：「江岚，你明白了什么？」江岚回答：「就是钟馗大师刚才所说过的话！」钟馗疑惑问：「老子刚才说过哪一句话？」江岚回答：「凡我所种的，若是不死，就不能生！」

钟馗睁大怪眼：「啊？你真的明白？」心里却想：「许多箴言都是先师传下来的旨训，他奶奶的连老子都没能参悟，怎么你小子一眨眼就明白了呢？」当下也要顾着面子装懂，唯恐孤陋寡闻，反被自己徒弟笑话：「呵呵呵！你小子说来听听吧！」

江岚解释：「究竟这世上，什么是爱？什么是愤怒？什么是悲伤呢？生离死别，人生素来总有一散，或许死并不可怕，因为在死了以后，那才是真正的开始。」钟馗听得满头雾水，茫然问：「小子别打混，你得解释更清楚一点。」

香奈也忍不住问：「江岚，死了的东西，怎么会有办法复活呢？」刀狩跟着说：「乌龟仙人，死物复活？死物既是死掉之物，那肯定是枝萎叶枯，全无生气，怎么可能还能复活？」

江岚解释：「打个比喻来说吧！撒在地里的稻麦啊！还有玉米啊！若不是先在地里死了，就不会生长起来。这样岂不是凡我所栽种的，若是不死，就不能生了吗？」同伴均想：「稻麦？玉米？」

江岚道：「如果一粒麦子不落在地里死了，仍旧是一粒麦子，若是在地里死了，就结出许多子粒来。满山遍野

的花朵也是一样，它们无人整理，在严冬凋谢，岂不也在雨水滋润大地的春天荣盛，茗芽复活了吗？」

钟馗不愿显出孤陋寡闻，又害怕自己被徒弟笑话，急忙竖起拇指称赞：「他奶奶的！果然好极！你小子猜中了老子我心中的答案，真是让人惊讶不已，先师所流传下来的训旨，果然是精妙深奥呢！」

刀狩心里暗想：「稻麦在严冬凋谢，每逢春天又长出芽来，还比先前更加旺盛？这也不过是四季规律的常理而已，什么精妙深奥啦？」嘴上却说：「师父所授的道理，徒儿铭记在心，日后自当受益无穷！」

这个时候，掌舵的船夫突然大喊：「妖…妖…妖怪！妖怪出现啦！」众人惊讶：「什么？」突然船边传来轰隆声响，金鳞大鱼溅起一层浪花，鲤鱼的长尾力量甚大，打得船身左摇右晃。钟馗感觉水势从左边压到，扶着栏杆喊：「大家留神！快找掩护！」

海怪突然在江中出现，舵夫吓得蹲卧在地：「救…救…救…救命啊！」

万年巨鲤虽然体积庞大，在水中穿行却又迅速异常，长尾过处，荡起千百层的浪花。香奈躲避不及，淋得全身湿透：「哎哟！」

刀狩知道妖兽野性发作，若不及时制止肯定会将船给弄沉，一个飞身跃出甲板，落在鲤鱼背上：「妖怪！想去哪里？」

万年巨鲤张开阔口，喷起白沫水泡，刀狩一只手紧捉着鲤鱼长须不放，一只手抄起灵帖喊：「灵能封印术！昆沙天门！」

顿时忽觉得一阵奇寒透体，敌人手中的灵帖字迹隐

现，一股极强吸力流窜过鱼妖全身。万年巨鲤怕被那神力吸住再也逃脱不开，拱起后半身跃出水面，刀狩从牠背上滑了下去，双手抓住长须叫：「糟糕！我的灵帖！」

江岚见同伴有难，顺手从地上抓起了系船用的麻绳，掷向巨鲤叫：「快套住牠！」

刀狩一手抓着麻绳，朝前将那绳子从鲤鱼的长须穿过，打一个死结喊：「牠逃不掉了！」谁知才刚讲完，巨鲤突然微一使劲，拉着整艘小船游向江河下游的出海口。

眼看小船随着鱼影在漩涡中旋圈打转，水面翻滚起万层浪涛，江岚、香奈和钟馗在甲板上跌个四脚朝天，舵夫正想抛下铁锚，不料一阵巨浪迎头淹没，那船夫瞬间被浪花拒出三里之外。

刀狩喊道：「师父！我的灵帖浸水失效了！没办法使用结界术，封印妖兽的灵能！」

钟馗见那巨鲤系住船绳无法挣脱，大嘴一张便想吞噬徒弟，索性刀狩拉着长须及时闪避，当下还可设法挽救，呼唤：「小子！抓紧牠！千万别放手！」

不料才刚讲完，系船用的麻绳突然断开，万年巨鲤挣脱了束缚，潜入水中，从海底礁岩和珊瑚群的近处穿行而去。钟馗一心惦记着徒弟安危，奔到栏杆边喊：「喂！小子！你在哪里？」

几颗气泡冒出水面，刀狩浑身颤抖，狼狈的爬上甲板：「可...可...可恶...让牠逃掉了...」江岚和香奈也赶来相助：「你还好吧？」刀狩觉得胸肋隐隐作痛，捂着腹部，摇了摇头：「不碍事...就可惜被那妖兽给逃跑了...」

钟馗望着周围惊看：「他奶奶的！这畜生游得居然比跑马还快？转眼竟将这艘船给拖离了河岸？」刀狩问：

「师父，咱们现今所在何处？」

众人仰头一看，水面上漂浮着绿色海藻，无数小鱼在海中往来游梭，小船被巨鲤拖行百里，顺着海水洋流不知卷到了何处。

远处的夕阳只剩下半轮，浮沉于浪潮之中，云层下隐约可见一座岛屿。一缕缕白色炊烟笼罩在小岛上方，香奈目光敏锐，指着岛屿叫：「你们快看！」钟馗吩咐：「趁着天还未黑，先将船给靠岸，倘若妖兽中途折返又来攻击，这艘破船可抵挡不住，大伙儿都要翻船喂王八了！」

众人心想这话不错，索性岛屿相隔尚近，江岚和刀狩张着帆蓬合力将船给靠岸，停锚之处正是暮色沉沉的浅水沙滩，均想：「这小岛究竟是什么地方？」

波涛澎湃的大海映着月光，海潮减退，眼前突然变得绚丽夺目。手掌大的蚌壳遍布在沙滩上，钟馗笑呵呵道：「他奶奶的，哪来那么多的奇珍异宝？」

江岚、刀狩和香奈见蚌壳遍地都是，同声惊叫：「是那座群猴岛！」

话说这座岛屿的居民全都是从沿海一带迁来的，几百户人家以海钓为生，自成一个村落。小岛的渔产属于富庶之区，岛上种植着椰林，有两处山麓形成了山谷，谷中桃花盛开，山顶上则是繁花茂密，高耸入云。

四人将船停靠，上岸之后，那奇丽的晚景却没空欣赏。钟馗听三人说这里便是群猴岛，惊讶问：「什么？这地方便是残存着古代遗迹的群猴岛？」刀狩点头：「师父，您不是这样跟徒儿说过的吗？」

钟馗睁大眼问：「老子什么时候跟你小子这样说过了？」刀狩回答：「师父，以前在塔中修行的时候，您曾

经告诉过徒儿，在一座岛上有古代遗迹和四大神猴的石雕，那些石像所记载的乃是洪荒时期的故事。传说中住在桃花水帘洞的美猴王有四大护法，分别为灵明石猴、赤焰马猴、通臂猿猴与六耳猕猴。这四只猴神各有通天彻地的本领，能够移星换月，非常厉害，这些都是您亲口跟徒儿说过的故事啊！」

钟馗支支吾吾道：「这个…确实是有这个神话传说…不过那群猴岛究竟在什么地方，我可从来都没亲自去过。」香奈道：「钟师父，那群猴岛就是此地了！」钟馗半信半疑的问：「此言不假？」香奈脸色一沉：「我们骗你干嘛？」

刀狩惊喜道：「师父！那太好了！咱们正巧需要仙桃医治乌龟仙人，如今竟然误打误撞被鱼妖带到此地，这岂不是天意吗？」钟馗摇头：「说真的，你师父我也只是口耳相传听来的，还不晓得这地方真的存在！」

香奈拍手叫：「这样的话，江岚身上的伤，真得有救了吗？」钟馗婉言回答：「假如这地方真是群猴岛的话…」

「那还等什么？咱们赶紧去找蟠桃！」刀狩踏步走向椰林深处，香奈扶着江岚，尾随在后：「等等我们！」钟馗顺手捡起几个彩色蚌壳放在袋中，笑哈哈道：「他奶奶的！没想到这岛屿真的存在？老子真是太幸运了，不晓得能否遇见传说中的美猴王？」

岛上渔民视那桃花水帘洞为禁地，无人敢破除规矩接近，再加上傍晚时炊烟四起，家家户户忙着开饭。村童捧着碗筷坐在栏杆边，赌着谁吃得快，大人亦是搬了木桌竹凳，搭配着花生与酒壶，互话饮食。村庄内不论男女老少全都是有说有笑的，气氛纯然一片天真，丝毫没有半点愁容，根本无人察觉海边有船靠岸。

　　刀狩、江岚、香奈和钟馗遥望远处山坡的渔村，隐约看见灯火耀如繁星，犬吠之声彼此相应，点缀出一幅夜色幽静的图画。正寻视间，忽见一群野猴跃出草丛，跳树攀枝，又是剔指甲又是捉虱子的，香奈急喊：「快跟着牠们！」

　　话才讲完，那群野猴挠腮抓耳的耍了一会儿，纷纷奔向远处瀑布，跳入山后的石窟之中。四人追着猴群来到瀑布前，香奈指着前方，惊叫：「牠们要逃走了！」刀狩扶着江岚喊：「快追！」

　　钟馗仰起头看，山涧泉水泻落于石壁之间，两边的危崖仅露出一线天光，桃花树疏影横斜，岩壁上雕刻着「水帘洞天」四个大字：「他奶奶的，没想到这地方真的存在？」

　　只见又宽又大的山泉瀑布从悬崖笔直坠落，寒烟喷涌，雾气中隐约可见四尊石猴的雕像。香奈将身一纵，跳入了岩穴之中：「喂！野猴子！别跑！」刀狩扶着江岚唤问：「香姑娘！洞里有什么？」

　　「来了便知！」香奈不怕山深路险，只盼能替江岚找到蟠桃：「怎么洞里还有一条小河？这也真是奇逢了！」

　　两只小猴在洞窟浅河边饮着山泉，洗濯鬃毛，随后又见钟馗、刀狩和江岚来到洞穴中，石窟传来潺潺水声，四人站在岸边，惊讶道：「怎么瀑布的洞内还有河流？」香奈问：「我们现在该怎么办？」刀狩回答：「别担心！我有办法！」说着，从宝袋搜出一片竹叶：「这是咱们之前用过的救命竹筏，遇水会膨胀成轻舟大小。」

　　眼前黑影一晃，刀狩已经扶着江岚跳上竹叶船，待得钟馗和香奈站定竹筏，水流将竹叶推离岸边。

　　四人见洞内石窟更阔，水势急流如波，回过头看已离洞口甚远。河道两边的岩壁极为狭窄，刀狩将草绳系在同

伴身上，免得翻船失踪：「看来这地方有些古怪呢！」

钟馗和刀狩以杖代桨，竹筏逆着水流愈驶愈入洞窟深处，岩壁上长满绿苔，到处都是奇形怪状的钟乳石。四人看了连声称奇，过得片刻，河流才将小船引出洞穴，景物突然由暗转明，眼前现出一座世外桃源。

「咦？天亮了吗？」竹筏逆流而上，忽然天空的一轮明日反射出白光，愈显得奇景壮阔。香狩拨开了垂吊在壁洞上的藤蔓，忽见周围绿草如茵，随风拂动。香奈惊喜叫：「蟠桃在这？」

那山上约有万千株奇树，树根纠结，将岩石缠绕得毫无空隙。江岚和同伴忍不住惊叹：「这...这地方真是奇景...」

悬崖边波光耀闪，泉源从岩壁缝隙喷涌而出，与周围的云石互相辉映，平坦如镜。钟馗见到这洞中奇景，疑惑暗想：「难道这地方就是传说中的琉璃瑶池？」

「你们快看！蟠桃啊！是蟠桃！」香奈指着大树的方向，一群野猴挠腮抓耳，在瑶池边玩耍，先是咆哮跳跃，随即爬上树干摘取蟠桃：「喂！那是江岚的蟠桃！你们别偷吃啊！」

猴群毫无片刻宁静，又是剔指甲又是捉虱子，一个噗通跳入琉璃瑶池：「吱吱吱！吱吱吱！」

刀狩、江岚、香奈和钟馗来到树旁，相隔不远，近处悬崖下是波涛汹涌的海洋。海面雾气朦胧，一只巨鲸的黑影从岛屿旁游过，潜入深海。江岚自幼生长在芦苇海岸，见惯海中奇景，钟馗却是将目光关注在悬崖边的参天古树：「好家伙！这么大一株啊？看来真是千百年以上的神木了。

香奈抄出飞刀，想将树干上的蟠桃齐枝斩落：「好吧！看我的了！」刀狩急忙拦住：「香姑娘且慢动手！」香奈问：「你干嘛阻我？」正猜不出同伴是何用意，忽见

树上的野猴拍手怪叫，定睛一看，近处又见树下立着四尊石猴的雕像：「咦？这些石像...是什么时候出现的？」

四尊石猴仰首翘望，香奈和同伴还在观看石像，忽有蟠桃从半空中扔掷下来，江岚毫无察觉，「叩咚」声响，那蟠桃打得自己头昏眼花，跌倒在地：「老天！是啥东西？」香奈急忙扶他：「江岚！你没事吧？」

江岚的额上红通肿个大包，抚着脸坐在地上：「我的妈啊！这群野猴会攻击人？」香奈不由破口大骂：「可恶！小畜生！有种就下来单挑！」

「呵呵呵！咱们这样不是轻易就拿到仙桃了吗？」钟馗捡起蟠桃，递在江岚手中：「小子，快吃下肚吧！」

江岚见那果形似是一颗椭圆状的荔枝核，用舌尖一舔果皮，忍不住轻轻咬了两口：「咦？好甜啊！」果皮破处流出白浆液体，浆汁清香，含在口中，立时觉得齿颊有种说不出的甜美之味。

刀狩和香奈一时口馋，纷纷捡起蟠桃，也想试吃：「这野果是什么味道？」不料正要咬下，又是一堆蟠桃从半空中扔掷来，二人怕被砸得脑袋开花，急忙抛下蟠桃躲到远处：「可恶！欠揍的死猴子！这是在干什么啊？」、「怎么样？野猢狲找死吗？想要我们当个木鱼脑袋不成？有种换你们下来给我们敲敲看！」

钟馗在旁边哈哈大笑：「呵呵呵！」刀狩问：「师父，什么事情那么好笑？」钟馗回答：「天降大任于斯人，必先苦其心志，劳其筋骨，饿其体肤。俗话说：若要功夫深，铁杵磨成针。想吃仙桃，不先吃点苦头可不行啊！」

刀狩和香奈抬起头看，野猴群在树上欢呼不已，似乎也在称赞钟馗说得有理。二人心想：「原来还有这种规

矩？」香奈转个话题，问道：「江岚！你身体感觉如
何？」

说也奇怪，自从江岚吃了蟠桃之后，忽然觉得神清气
爽：「香！这颗蟠桃肉甜皮薄，我感觉全身轻飘飘的！」
钟馗笑着解释：「呵呵呵！传说中的桃花水帘洞，有株万
年奇树，每一千年开花时，便会结出仙桃的果实。凡是食
用了这蟠桃，体内的灵能会增加一甲子以上的功力，可抵
得寻常人十年修练。」

众人听了均是惊讶：「那么厉害？」钟馗说：「咱们
来此一定是受了指引，否则怎能安然无恙就找到仙桃
呢？」

正在此时，猴群突然纷纷跃下大树，满脸惊慌的奔向
琉璃瑶池。香奈喊叫：「喂！你们要去哪里？」回头一
看，四尊石猴的雕像忽又消失不见，众人均想：「咦！究
竟发生了什么事情？石像跑去了哪里？」

刀狩惊呼：「师父！二位！大家快点后退！」话才讲
完，前方不远有四只灵猴立在孤峰的悬崖边，底下是陡峭
岩石，连个落脚之处都没有。

众人还来不及思索，四只灵猴已经攀藤越崖的飞踪过
来，钟馗见山下峰势险峻，急忙吩咐徒弟：「小子！快带
他们离开！这里让老子应付！」

「师父！」刀狩晓得救人要紧，扯住两名同伴，奔向
左边狭道：「二位快逃！」

江岚和香奈稍不谨慎，差点儿跌落万丈悬崖，三人听
得背后传来打斗交击之声，显然是钟馗试图替自己争取逃
跑机会：「你们先逃！我去帮师父！」

刀狩想都不想，抄出灵帖又折返原路，奔向四只灵
猴：「师父！我来助你！」钟馗怒叫：「他奶奶的！小子
你来做什么？快找出路！老子随后就来！」

野猴群在琉璃瑶池的岩石上欢呼怪叫，香奈拉了江岚奔向原路，往河窟隧道逃去，不料忽然感觉头顶上有团阴影罩下，刀狩在远处对两人急喊：「二位快躲开！是猿魔！灵明石猴变成了猿魔！」

「啊！什么？」二人抬头惊见大地一片黑暗，头顶彷佛有张天幕罩下，一只千百斤重的巨猿迎头压下，尘雾飞扬，无数灰沙布满天空。

桃花水帘洞的山顶传来轰隆之声，那撼动天地的震荡使得山崩石裂，树折木断，令在场之人全感到耳鸣头昏。几株古树全被猿魔压坍，彷佛受了狂风摧残一般，江岚和香奈吓得转向逃往琉璃瑶池，又听刀狩在远处喊道：「师父！我的结界术抵挡不住妖猢狲的火眼金睛啊！」

钟馗吩咐：「小子听好！传说中的美猴王有四大护法镇守这桃花水帘洞，四神猴分别为灵明石猴、赤焰马猴、通臂猿猴与六耳猕猴！通臂猿猴能将四肢伸缩自如，灵明石猴会变成巨大的猿魔金刚！要小心六耳猕猴的兽化术，若是让牠变成遮天蔽地的蜂群，可就不妙！最后这只赤焰马猴的火眼金睛能识破你我所设下的结界陷阱，先想办法转移牠的注意力，只要制伏了赤焰马猴，就有机会对付其余三只猴妖了！」刀狩怪叫：「该怎么引开牠的注意啊？」钟馗回答：「动一动脑！」

另外一端，江岚和香奈奔向琉璃瑶池的岸边，瞥见一条铁棒如石柱似地竖立在瑶池中央，二人惊讶：「咦？那是什么？」

琉璃瑶池的水面平坦如镜，岩石高低错落，壁立池中。猴群在铁棒周围拍手怪叫，有几只野猴试图用双臂抱定铁棒，可惜挣得满面通红，使尽平生之力仍旧无法将棒子拔出地面。香奈指着猴群问：「咦？他们在干什么？」

自从江岚经历海难之后，变得更加谨慎，听及同伴提问，脑海里突然想起一个旧忆。当时同伴和自己初次来到这座岛屿，猿飞曾指着四尊石猴像问：「浪人！那是什么？」宫本摇头：「你问我、我问谁？」

「难不成是传说中的四神猴？」刀狩愈发狐疑：「我以前曾听师父提起过，在一座岛上有四大神猴的石雕，那些石像所记载的乃是洪荒时期的故事。」众人惊讶：「古代遗迹和四大神猴？」

刀狩解释：「师父告诉过我一些有关四大神猴的故事，传说中住在桃花水帘洞的美猴王有四大护法，分别为灵明石猴、赤焰马猴、通臂猿猴与六耳猕猴。这四只猴神各有通天彻地的本领，能够移星换月，非常厉害。」

想到此处，江岚寻了一块突出水面的岩石，看准落脚之处跳入瑶池，香奈在背后喊：「江岚！你要去哪？」江岚回答：「我想去确认一件事情！」

自从他吃下蟠桃之后，全身充满体力，变得如浮云轻飘飘似地。在这大敌当前，奔逃于礁石之间，虽要防备身后的猿魔又要查看前方状况，依然迅如疾风：「既然这四只神猴只是护法，想必那传说中的美猴王肯定就是首领了！瑶池中央那根铁棍是什么东西？难道竟是猴王所留下的法宝？若是我拿到铁棍，或许就能镇住四只猴妖了！」

这时瑶池前方突然起了一阵浓雾，刮起狂风，成群的黄蜂如潮水涌来，刀狩喊声：「不好！乌龟仙人！留神！」

黄蜂分成两群左右夹攻，黑压压的迎头坠下，探出尾针要螫敌人。江岚虽晓得蜂群招惹不得，无奈瑶池中央无处可躲，香奈站在对岸惊喊：「江岚！小心！」

顿时只见千万只黄蜂占据了半亩方圆，将敌人团团围住，分散成两个单行，左右扑去。六耳猕猴摇身一变，化

成了蜂群，黄蜂尾部的长刺带有毒钩，江岚不慎被螫得浑身疼痒，痛叫：「吱吱！吱吱吱！吱吱吱吱！」

香奈睁大杏眼：「什么？江岚你在胡说什么？」再仔细一看，池中传来嗡嗡的振翅声，蜂群如潮涌追着野猴群，江岚却已不知逃到了何处。

眼看猴群彼此挤撞，又有几只小猴不慎落水，挣扎怪叫：「吱吱！吱吱吱吱！」香奈还没搞清楚发生啥事，钟馗则在远处哈哈大笑：「他奶奶的！真是一只六耳蠢猴，这般轻易就能骗倒！」众人这才醒悟：「是两仪之门的迷魂结界术！」

刀狩又喊：「师父！我快撑不住啦！」钟馗叫：「忍住！师父来助你！」说着，正要抛出灵帖施展结界术，赤焰马猴忽一个飞身跃上大树，两只脚掌钩着树枝，抓着藤蔓荡了过来。

钟馗还来不及使用纸帖，赤焰马猴突然坠下，竟然骑在自己的肩膀。双臂往前一钩，紧紧扣住咽喉不放。钟馗被赤焰马猴掐着脖子又锁着咽喉，怒叫：「呃！呃！他奶奶的！死猴子快下来！」

赤焰马猴心骄气傲的骑在背上，特意挫挫敌人锐气，趁势又一把扯住钟馗的衣袍，刀狩见师父有难，急挥木杖喊：「妖猢狲！快滚！」

赤焰马猴将双臂一抖，跃下敌人肩膀，纵跃如飞，逃了开去。

另外一边，江岚仗着身轻力健跃到了铁棍近处，正要用双手抱定一拔，不料背后突然有两条黑影伸来。眼看就能将铁棍取在手中，忽然觉得双臂缩紧，似被两条粗索捆缚住：「糟糕！是通臂猿猴！」

通臂猿猴的双手像是面糊伸展成长长一条，向上一

拉，又往下一扯，企图将江岚绊落水中。香奈知道猴妖的四肢能像胶绳伸缩自如，立刻抄出暗器，连掷四枚飞镖：「江岚！伏低！」

暗器从半空中回旋飞转，通臂猿猴手臂上的鬃毛被削断了数十根，差点儿没被刺中，仗着速度敏捷侥幸避开，仰头怒视。

江岚挣脱了束缚，双手一握紧，抽出铁棒，琉璃瑶池的周围突然旋起水涡：「咦！怎么回事？」回头再看，灵明石猴、赤焰马猴、通臂猿猴和六耳猕猴化成青烟，晃眼全都已经不知去向。

香奈喊道：「江岚！你怎么样？」江岚招手：「我没事！」钟馗和刀狩走了过来：「喂！小子！你施展了什么法术？怎么猴妖全都瞬间消失了？」江岚高举手中的铁棒：「大家快看！我拿到了猴王的法宝啊！」

刀狩在远处问：「乌龟仙人！你脚下踩着什么？」

「咦？什么东西？」江岚低下头看，脚底踩着一幅滚动条，顺手拿起：「这是什么经书？」见那册子陈旧泛黄，书封写着「山之卷」的大字样，惊喜叫：「大家！我找到了啊！这是四仙人的宝典啊！」刀狩、钟馗和香奈惊讶：「什么？」

江岚奔回岸边，四人迫不及待地将滚动条揭开来看，果见册内记载着调息灵能的诀窍。刀狩惊讶的问：「师父！为何四仙人的滚动条会遗落在此？」钟馗摇了摇头：「这个…你师父我…也是满腹疑惑啊！」

「咦？对了！」香奈突然想起一事，当时为了躲避妖兽追杀，众人在前往封神陵的途中，急于打听四轮书下落，雷羽曾经询问：「昆仑郡主，咱们来此地乃是要寻找记载了玄通召唤术的天之卷吗？」昆仑点头：「没错！不

能让妖怪捷足先登了！」婵问：「昆仑，你觉得天之卷还藏在封神陵内吗？」昆仑回答：「天之卷对一般人来说，毫无用处，俺觉得天之卷应该还在此地。」

宫本和猿飞均都忍不住好奇想问：「那其余的滚动条呢？」昆仑解释：「在几百年前，郁树国曾经发生过内乱，当时记载了结界仙法的海之卷被盗走，那滚动条也在人间从此遗失。而记载了瞬身仙法的地之卷乃是蓬莱国的宝藏，据说蓬莱国曾派兵打听其下落。最后，记载了飞空术的山之卷则是一直下落不明，相传是被猿猴给偷走了。」

想到这里，香奈突然拍手大叫：「原来如此！」江岚问：「香？怎么了？」香奈解释：「先前咱们去到封神陵，曾向昆仑郡主和婵郡主询问有关四轮书的消息，你还记不记得？当时昆仑郡主告诉我们，其中一部滚动条被猿猴给偷走了，一直下落不明。」

刀狩经她提起旧事，点头：「昆仑郡主确实是有这么说过。」钟馗哈哈大笑：「现在总算真相大白啦！小子！恭喜你获得一样至宝！」

江岚将滚动条捧在手中，掀开翻看几页：「山之卷...这便是传说中的飞空术吗？」刀狩指着铁棍问：「师父，这根棒子有什么用处？怎么一旦将它拔出地面，那四只妖猢狲就消失了呢？」钟馗思索：「据说猴王曾经住在这个桃花水帘洞，灵明石猴、赤焰马猴、通臂猿猴与六耳猕猴既是猴王护法，就有责任保护神器。看来这条铁棍...应该就是传说中的金箍棒了啊！」

「金箍棒？」江岚、刀狩和香奈听了均是惊讶，但见这铁棍生有锈痕，没想到竟然会是传说中猴王所使用的神兵利器？钟馗点了点头：「金箍棒号称是擎天之柱，据说它的威力翻江搅海，摧林倒树，只不过是真是假，却无人见识过。」

江岚和刀狩均想：「原来这根铁棒那么厉害？」香奈催促：「先别管那个了！江岚！你快点学这本滚动条所记载的奥义啊！若是你学成了四仙人的奥义武技，咱们就能打赢四只妖兽了！」

江岚恍然大悟：「啊呀！我怎么都没想到？」立刻又将滚动条翻开看了几页，那书中的图案恰似灯影戏，一幕接一幕相继浮现在眼前：「咦？怎么回事？」当下忽觉得陷入幻境，急忙镇定心神：「糟糕！莫要看得走火入魔！」

钟馗急问对方：「小子！怎么回事？」江岚惊讶：「这本经书好古怪啊！」钟馗、刀狩和香奈在旁围观，随手翻了几页，却不见图案有何异常之处：「不是寻常图案吗？没古怪啊！」

原来，四轮书的山之卷暗藏着玄机，图案中的字迹和景物会被强烈灵能所牵引，寻常人就算再怎么潜心窥视，仍旧是终无所获。

自从江岚受了重伤，钟馗曾在巨鲸腹内催动灵能相助同伴御毒，不幸自己的灵能竟被那蛇毒牵引，辗转流入了江岚体内。好几十年的修为经由那蛇毒引导，平白冤枉被吸走了大半灵能，江岚也因此获得了六成功力。

后来四人来到了桃花水帘洞，江岚吃下万年奇树所结出的蟠桃果实，体内灵能瞬间增加一了甲子以上的功力，可抵得寻常人十年修练，此刻的功力比之众人要强得多，因此滚动条的图案被灵能牵引而出，轻易就能洞悉这山之卷的天机奥义，反倒是钟馗、刀狩和香奈碍于功力有限，滚动条无法与心灵相生感应，难免可惜。

只见江岚的脑海中愈觉空明，书中图案与文字蕴藏着无穷奥妙，忽然一股潜力凝聚在脚底下，万道霞光的祥云突然涌现。众人惊讶：「发生什么事情？」钟馗诧异：「咦？难不成这是传说中的筋斗云？」刀狩和香奈异口同

声，叫：「筋斗云？」

山上是漫无涯际的青天，山下则是波涛壮阔的海洋，江岚手持金箍棒，脚踏筋斗云，瞥见不远处那株繁花如锦的蟠桃树下立着四尊石猴像，顿时又想起先前钟馗在万安镇时，曾对自己所说过的话：「要体会生命，首先要了解什么叫做死亡，死亡会使你领悟到什么是爱、什么是愤怒、什么是悲伤。不过要让自己的身心承受与经历不同的阶段，需要达到适当年龄，也需要光阴的磨练。你要静心等候，等待你经历了爱、愤怒与悲伤之后，你就会完全明白了。一旦等你经过了这些生命的淬炼之后，肯定能像浴火凤凰一样，获得重生！」回忆到此，黯然沮丧的心情立刻消失，满面喜容的对着四尊石猴像喊：「谢...谢谢你们！」

刀狩仰头唤：「乌龟仙人！还记得我跟你说过的事吗？灵能是一种震动波，会随着物体的形状变化而有所不同！你体内所散发出的灵能，像是一团云雾包围着四周，在紧要关头能够激发出潜在威力！」江岚点头：「嗯！我明白了！」钟馗吩咐：「小子！你乘着筋斗云飞上天空看看！」

「筋斗云...」江岚高举铁棍，喊道：「飞空术！」

刀狩、香奈和钟馗仰头观望，才一眨眼，同伴踩着筋斗云飞上高空。只见山屿的半边被雾遮蔽，江岚眯着一双细眼，怪叫：「哇！好快啊！」由高空俯瞰，同伴三人小如虫蚁，钟馗在悬崖上对自己喊：「小子！快点催动灵能，调息运功！」

江岚乘着筋斗云越飞越高，体内的灵能顺着阳蹻脉循环，暗想：「咦！这就是四仙人的武技奥义吗？所看到东西，所感觉到的速度和力量，彷佛就是另外一个世界的感受啊！」饱吸一口新鲜空气，偶尔觉得奇热与奇寒之气分别由腹部和肩膀流至脚底，转眼之间就穿越了冻云层，雾影中有两只野鹤倒咧着嘴「呀呀」怪叫，似乎是被惊吓了一大跳。

江岚亦是一个虚惊，体内灵能顿时混乱，脚底的祥云也跟着突然消散，一个不慎，竟被风势抛飞天空：「哎哟！」

他握着金箍棒疾速坠落，在半空中毫无着力之处，衣袖被强风吹个柔活，暗想：「糟糕！现在该怎么办？」眼看自己的下坠之势极快，瞬间就穿破了云层，渐渐望得见海上景物。

云雾渐稀，山峰、悬崖和海洋的美景呈现眼前，头顶一片蔚蓝天空，云端还飞着成群白鸟。江岚身在半空中，被高压逼得无法喘气，急喊：「筋斗云！」

前方白茫茫的尽是云层遮蔽，正被大气云团包围时，什么都看不清楚。不料才刚喊完，一转眼就穿梭厚密云层冲开了云团，几个天旋地转，飞向悬崖。筋斗云像是疾箭脱弦似地坠往刀狩、香奈和钟馗所站之处，随即忽又冲霄而起，乘载着江岚飞向蔚蓝青天，疾速而去。

香奈嫣然地露出颊上酒窝，笑着对天空喊：「江岚！太好了！」

话说江岚虽还不能完全掌握驾驭筋斗云的诀窍，飞行之法却已经有了根底，山之卷的图案仍旧像灯影戏似的，一幕接一幕浮现于脑海之中：「拥有这个四仙人的武技奥义，应该就能打赢蛇妖了吧？」钟馗在悬崖高声喊道：「喂！小子！别玩昏头了！快点下来！」

江岚乘着祥云缓缓降落，笑道：「钟馗大师！桃花水帘洞的悬崖虽然隐僻，踩着筋斗云却能看见全景，全都一览无遗了啊！」钟馗道：「别只顾着玩儿！既然你小子的伤势已经完全治好，咱们可还有正事要办，快点走吧！」

江岚将金箍棒举起来，扛在肩上，毅然点头：「嗯！即刻启程，前往封神陵出发！」

第十九章 四大灵猴！进击！

江岚、刀狩、香奈和钟馗毫无耽搁，在岸边码头偷了一艘船，扬起风帆，全速前往四国驶去。

这座群猴岛距离彩云峡有好几百里的路程，众人必须驾船由蓬莱国登岸，经过万安镇和桑泽镇，再由平瑶镇转东行，穿越铸剑山庄，方能抵达彩云峡的地域范围。

沿途路颇难走，四人想着这几日来连续遭遇过种种奇事，望着彼端映着大海的斜阳，心中百感交集，真说不出是什么道理。

小船双桨轻摇，海底游鱼往来可数，拨头掉尾，随着船尾水波游去自如。隔了些时，忽听得香奈喊：「大家快看！前方那是什么？」

江岚、刀狩和钟馗奔向甲板，远处有两艘战船荡在海中，巨浪打得船身哗啦作响，众人均想：「咦！是军队吗？难道竟是雷少主、婵郡主和昆仑郡主派人来接我们？」转念又想：「不对啊！雷少主、婵郡主和昆仑郡主怎么会晓得我们来到了群猴岛呢？」

远远眺望着水天相接处，两艘战船帆影渐大，彷佛快要互相撞上，刀狩惊喊：「师父！难不成竟是海盗劫船？」钟馗吩咐：「先别轻举妄动！」香奈指着其中一艘战船，又喊：「快看！是那四个海洋大盗！」

这时忽见其中一艘船上的人口中一喊，船舵微偏，战船在摇荡之间交错而过。燕青、鲁达、武松和柴进跃上另外一艘战船的甲板，怪叫：「鼠辈！这次终于换你落在我们的手中？」、「大哥！洒家生平最恨衙门的人，咱们将

这掌班头子砍成四段吧！」、「熊样！你武爷爷在此，还不快向咱们四人投降？」、「大哥、二哥、三哥！咱们将这妈巴膏子的战船凿沉，浸海喂鱼吧？」

「哼！枉本大人先前错怪了无辜之民，原来你们才是真正的海洋大盗？」一名男子身穿软甲，身旁跟随了六个差役，又说：「本大人身为民之父母，除暴安良和缉捕贼盗乃是职责。今天你们四个海盗聚集在此，还不赶紧投降？」

江岚、刀狩和香奈仔细看个清楚，惊讶：「啊！是那个人称活阎王的锦卫门！」还在思索，接着又听燕青继续问：「锦大人号称是活阎王，曾多次被颁发过功牌奖誉，可是这地方是一片汪洋大海。咱们四人既然称为海洋大盗，大海便是咱的地盘，如今你闯入了咱们地域，还敢口出妄言？」

锦卫门把手一招，身边六个衙役将四人围个大圈困在核心，骂道：「大胆海贼！竟敢嚣张？快跟锦大人回去衙门对质口供，否则每人重打两百大板。打完之后再拖出去斩了！」鲁达道：「呆鹅！谁跟你嚣张？洒家跟你们说得可是实在话。」

锦卫门哈哈大笑：「今天真是天网恢恢、疏而不漏，上天有好生之德，竟让本大人在此撞见你们四个海洋大盗？本大人今天可要一展神威，为民除害！」

武松拔出戒刀：「大哥、二哥、四弟！这剥皮畜生好狂妄啊，不如交给我武爷爷来对付！」柴进作势也拔出戒刀：「三哥！刁钻脑袋连嘴巴都很刁钻，四弟我自知技不如你，就交由三哥你来应付吧！」

锦卫门笑道：「嘿！真是有趣！你们终于拔刀了吗？」武松怒骂：「蠢样！不拔刀，我们怎么会是坏人呢？」四个衙役冲向前：「海洋大盗竟敢放肆！该当何

罪？」

武松和柴进见敌人奔来，纷纷使出一招大鹏展翅，四个衙役才扑上前，多被打得东倒西歪。

其余两个衙役也跟着一个猛虎擒羊之势扑去，却被鲁达一连两脚踹在胁下，跌倒在地：「呆鸟！要抓人也得找个武功象样点的来跟洒家比武，这么不堪一击的臭小厮，洒家可没兴趣啊！」

锦卫门吩咐衙役退下：「哼！既然你们那么坚持，就让本大人送你们四人去见老天爷吧！」正要出手，突然间大海中骇浪掀天，两艘战船被风浪打得东斜西歪，众人惊讶：「怎么回事？」

战船放下帆篷，却被怪风和急浪颠得七上八下，海洋大盗和衙役都站立不住，跌倒在地。武松怒叫：「熊样！发生什么事情？」燕青安抚：「三弟！这艘战船材料坚实，能挺得住大风巨浪的，你别担心！」

才刚讲完，甲板上的船夫突然慌做一团，有人连喝几声：「开船！快点开船！海里有妖怪啊！」燕青、鲁达、武松、柴进和锦卫门均是惊讶：「什么？妖怪！」

海水四溅，满船皆是人声喧哗，不料风暴突然增进变得如此厉害，远处隐约可见一只大鲤鱼在波涛汹涌中翻滚，几尾深海鱼被巨鲤连鳞带肉的咬去了一大块，海水都染成了血红一片。

「啊！妖...妖...妖...妖怪啊！」柴进吓得快将铁锚的绳索解断，又喊：「大...大...大哥！有妖怪啊！」燕青催促：「转...转...转向！快点转向！」

万年巨鲤本有夺食之心，瞥见两艘战船，反倒舍了美食游来。战船的舵夫被大浪扫中，跌落海中，船体失去平

衡，往斜一偏，整条船身歪向一边，甲板的木条轧轧声响，似要断折。

锦卫门见势危急，喊道：「快备弓箭！」衙役狼狈抓了弓箭，正要出手，激荡的骇浪伏高数丈，船柱突然折断，弓手立刻遭巨浪卷下海中。

「贼厮鸟！哪里来的巨妖和怪浪？洒家可不想葬送大海啊！」鲁达拼着余力扳动船舵，倾斜的船身立时平转。

另外一艘战船距离众人仅有两丈，失去平衡，船下突然又漩起了一个大水涡，整艘船体再也支撑不住，沉入海中。

燕青、鲁达、武松、柴进、锦卫门和衙役均都吓得哭喊神佛，万年巨鲤还在船下的深海范围游转不停，眼看活命无望，战船跟着水涡漩圈打转：「天公大帝！救救我们四人兄弟啊！」、「洒家晓得自己生平坏事做尽，再不敢啦！」、「老天爷啊！我武爷…不！我武孙子跟您道歉，老天爷救救我们啊！」、「大哥、二哥、三哥！我还年轻，不想死啊！」、「可恨！难道我鼎鼎大名的活阎王，今日真的去阴朝地府见阎王？」

眼看战船即将漩入水涡，再无逃生机会，忽见相隔海洋不远处，有艘小船愈驶愈近。众人仔细一看，江岚、刀狩、香奈和钟馗站在船首，喊道：「喂！鲤鱼妖！我们在此！快点过来！」

万年巨鲤将鱼尾猛往水面一压，瞪着凸眼，张大阔口往小船游去。

钟馗和刀狩分别抄出灵帖：「这只鱼妖已历经数百余年的修炼，不好对付，两仪之门和锁妖门恐怕对牠起不了多大作用，咱们用昆沙天门封印住牠的灵能，鱼妖就无法再次兽化了！」、「师父！徒儿明白了！」

香奈原本还有几分惧意，如今有众多同伴并肩作战，江岚又习得了飞空术的武技奥义，胆怯之心立刻消失：「江岚！我们也上吧！」江岚点头：「好！」

万年巨鲤想是众人在水中无法自由行动，这片海洋又是自己地盘，因此满腹轻敌之心，只一接近小船，身边数十根水柱迎头压到。

江岚晓得这类水柱力量奇大，正要反击，刀狩和钟馗却早已出手：「结界仙法！幻之锁天门！」、「仙法！结界禁制之术！锁天门！」

眼看小船就要被水柱所摧残，突然全都被阻隔在一片光层之外，原来是钟馗结出了天界之门，化成一座高约百丈的光幕将小船全都罩住。光层密得没有一丝缝隙，万年巨鲤的水柱向旁卷开，消散在海面远处。

双方攻势不分高下，钟馗布下了结界术抵挡水柱，可惜灵能也随即减弱。锁天门化成千万层彩烟，落在海中，像是将灭的油灯忽明忽暗，在海面上随风消失。

万年巨鲤又是惊讶，又是愤怒，向下一沉，潜入了深海汹涌的洋流之中。刀狩急喊：「可恶！师父！鱼妖想逃走了！」

抬头虽见天空被云影遮蔽，却是晴郎无雾，海面静荡荡的，除了浪花之声，再无动静。四人正在疑惑，突然巨鲤又从海涛波浪之中涌起，钟馗大喊：「鱼妖！休想逃走！今日就让老子用灵能封印术，将你永埋海底吧！」袍袖展处，昆沙天门的结界术像是珍珠粉碎，化成千万粒乌光银珠。

万年巨鲤跃出水面，正要将船撞沉海中，忽觉得全身有股力量似乎被它吸住，左右挣扎，试图要摆脱引力。刀

狩见结界术并未完全将巨鲤吸住，急忙奔向前唤：「师父！我来助你！」

钟馗曾经损失了几成功力，已经无法独自封印住妖兽灵能，当下晓得若要出奇制胜，必须有徒儿的灵能相助，急喊：「快使出昆沙天门！」

刀狩合掌一揉，多年来辛苦修练的灵能全数施展开，喊道：「仙法！结界禁制之术！昆沙天门！」

万年巨鲤想要逃走，这回倒霉遇上了两层灵能封印术，妖体立刻消灭，化为乌有。江岚和香奈惊喜叫：「成功了！」忽觉一阵狂风吹过，巨鲤化成白烟，一个蓬头赤足的小男孩穿着蓝鳞征袍，倒卧在甲板上：「可...可...可恶...」钟馗吩咐：「快捉住他！」

江岚和刀狩迅速将他双臂一扣，琥珀立刻被二人按翻在地，脖子上垂吊着鱼形项链，左摇右晃，动弹不得：「可...可恶！你们快放了我！」香奈怒道：「笑话！怎么可能轻易放你呢？妖怪！」

琥珀冷笑：「妖怪？嘿！我们只不过是被赋予了形体的混沌，又或者是你们口中所称的妖，等待时机成熟，我们的力量就会觉醒。」

刀狩问：「快说！原初之海是什么地方？」琥珀回答：「既然这么想寻死的话...也不妨告诉你吧！相传原初之海是洪荒时期大洪水的发源地，据说当时天上破了一个大洞，水柱从南方的天空倾泻而下，形成海洋。古人因为害怕灾难，因此都很迷信，到处建造通天塔想逃往天界避难。这些人建立了许多不同教派，并且造了一座海上宫殿，便是如今原初之海的所在地了。海上宫殿位置特殊，只要靠着潮汐和月亮引力，就有办法扭转地磁。青冥、姬旦、释海与我打算在那地方引出海啸，使用玄通幻术召出祸神。嘿嘿！从封印之中解放出来的灾难可是无人能控

制的，那混沌状态的力量，对这世界来说，等同于破坏与毁灭，你们等着瞧吧！」

香奈怒叫：「胡说！你们的诡计不会成功的！」琥珀道：「你们人类尔虞我诈，在这世上又有谁真心感化过谁？人类无法逃离杀戮的命运，你们不是也都曾经亲眼目睹过世人心中的黑暗吗？既然每个人的心中都有暴戾冲动，若是那么渴望战斗的话，就让你们充分发挥吧！」

「就算人类无法逃离杀戮的命运...」江岚毅然摇头，继续说：「就算我们只是平凡无奇的人类...遇到了真正不可饶恕的事物之时，我们也会勇敢的正面迎战！」琥珀笑问：「哈哈！四国若是臣服于祸神之下，不是也很有乐趣吗？」

刀狩勒住敌人脖颈：「可恶！竟然敢亵渎神明？知道什么用银子买不到吗？就是你现在乞求的东西！性命！」琥珀冷笑：「那你们人类亵渎生命的尊严，又算什么呢？祸神的力量，对你们来说太过强大了，青冥、姬旦、释海与我，就像是还未羽化的成虫，正等待脱蛹而出的时机，展翅高飞。」讲完，突然仰起头，对着天空呜一声口哨。

海面随即传来不绝于耳的轰隆之声，江岚和刀狩偶一回头看，「咦」了一声，均想：「发生什么事情？」香奈惊叫：「小心！他想逃跑！」

琥珀将全身的力量聚向双肘，回身一转，斩向腹部：「再会了！」江岚和刀狩的气血无法循环通畅，向后仰跌个四脚朝天：「哎哟！」、「可恶！」

钟馗跃近身边，扯住肩膀叫：「小子！别逃！」谁晓得敌人忽将右腿向上抬起，使出一个回旋踢，自己反被被攻个出奇不意，胸口痛辣辣的中了一脚，仰身摔开：「哎哟！好小子，原来还有这招！」

琥珀向旁一滚，跃出甲板：「嘿！我们后会有期！」江岚和刀狩均诧：「糟糕！」香奈叫：「可恶！那小妖逃跑了！」

海中传来噗通一声，琥珀已经跳到海中，潜水躲避，便如生了翅膀一般，在云端消失不见。待得四人奔到船栏，敌人早就已经不见踪影，香奈气得捶胸，对着天空叫：「可恶！那小妖好狡猾，居然用无耻的招数逃跑了！」

刀狩问：「师父！我们要不要去追他？」钟馗摇头：「来不及了！我们还有更重要的事情需要完成，等去到了封神陵之后，再想办法解决四妖。」香奈咬牙切齿道：「那小妖怪阴险狡猾，若是躲起来，日后可说是后患无穷。」江岚安慰：「算了吧！香！我们虽是遭他计弄一场，如今也算学个经验，日后再遇上这妖怪，也懂得如何应对了。」香奈道：「岂有此理！这小妖怪趁机逃走，日后上街害人，你还有心说这番太平话吗？」

四人还在争论，忽见前方不远的海域浮起一只大鲸鱼。那巨鲸略一转身，背鳍涌出海面，立刻激起数百丈高的海浪，呼吸时所喷的水气更是有如擎天之柱，上空竟被冲开一个云洞，彷佛倾盆大雨，溅出四十里外。

众人大惊：「糟糕！怎么又是牠？」钟馗说：「看来是那鱼妖将巨鲸给引出来的吧？」刀狩急问：「师父！这只鲸鱼的体积太过庞大，咱们该如何应付？」钟馗一时也想不出计策：「他奶奶的！老子可是稻草人救火啊！这世上怎么会有如此叫人头疼的玩意儿？」

刀狩晓得师父的意思是说自身难保，众人眼睁睁看着那条大鱼横海而来，巨鲸在海中喷水为戏，冒出水面，一会儿又沉下去，

大伙儿感到周围有股极强吸力。身躯比战船还要大上

百倍的鲸鱼突然间竖起脊翅和鲂须，一阵掀天骇浪滚起五十丈高，吓得燕青、鲁达、武松、柴进、锦卫门和差役怪叫：「真是可恨！难道我英雄浪子今日丧命于此？」、「大哥！洒家还没娶个婆娘，不想孤孤单单死在海中啊！」、「真是枉我打虎英雄一世英明，本来还想等年老之后隐姓埋名，看来如今没这机会，真是死而遗憾！」、「救命啊！大哥、二哥、三哥！船要沉啦！」、「你们这群不知好歹的废物快点闭嘴！唉！本大人虽是盖世英豪，倒霉今天却被你们四个王八羔子牵累，这活阎王的名号，在阎王老爷面前都难赎罪了！」

眼看最后一艘战船也将沉没，深海巨鲸大口一张，蚌蛤海螺和虾兵蟹将全都随着洋流涌入鱼腹，江岚突然将金箍棒绑在背上，大喊：「飞空术！筋斗云！」

刀狩、钟馗和香奈惊看：「乌龟仙人！你去哪里？」、「小子！等等！」、「江岚！」话未讲完，霞光祥云突然涌现，一股灵能凝聚在脚底下，江岚踏着筋斗云疾速飞向巨鲸：「大怪鱼！来对决吧！」

燕青、鲁达、武松、柴进、锦卫门和差役相隔不远，正在战船上呼爹喊娘，突然瞥见一个青年下坠之势极快，瞬间穿破了冻云层，踏在大鲸鱼的翅背上。

江岚的双脚在巨鲸脊翅上滑行了数丈，险些跌倒，索性找到煞脚之处，及时蹲个马步稳定重心：「大家别担心！我会想办法驱走大鱼的！」

大鲸鱼冲波逐浪的鼓起脊翅和鲂须，众人见青年将手一招，看来好像是救星降临，均喊：「救命啊！船快翻啦！」

眼看水花溅起几百丈高，青年在巨鲸背上，想用飞镖驱赶大鱼，可惜当当几声响，飞镖皆被脊翅和鲂须绞成粉碎。

话说筋斗云乃是由灵能凝聚而成，江岚虽能仗着飞空术护身逃脱，想要赤手空拳制伏这只大怪鱼，只怕也非易事。况且捆仙绳已经被青冥所毁，没有玄冥龟和万古神器的协助，想要打赢巨鲸可说是天方夜谭。

燕青、鲁达、武松、柴进、锦卫门和差役看这骑鲸青年突然现身，原本还以为是救星赶到，不由得惊喜交集。待见了江岚掷出飞镖，打在鲸须不痛不痒，如此威力却是何等不济？忍不住怪叫：「喂！小子！你飞镖在丢哪里？快掷向大鱼怪眼啊！」、「小英雄！你那天外飞仙的招式很是帅气，速度也还不算慢，但怎么暗器对牠一点效果都没有啊？」

江岚被这番话给触恼了，也忍不住喊：「哎哟！那你们几个自己来对付牠啊！」

香奈在远处惊喊：「江岚！小心！大鱼准备要翻身了！」

突然间，巨鲸再度竖起脊翅和鲂须，一阵掀天揭地的惊涛骇浪滚起五十丈高，江岚立即乘着筋斗云遁走，飞向高空：「可恶！没有玄冥龟的沧水界限，该如何能够驱赶牠呢？」当下晓得若再不赶紧想个办法，海洋大盗和锦卫门所在的船体就会瓦解。正伤脑筋，耳边突然响过一个声音，笑问：「呵呵呵！世人愚昧，自以为求得了仙丹、妙药、灵珠或是神器，就能够长生不死吗？这样岂非自欺欺人？老孙见了实在好笑！」

江岚左看右看，惊讶：「咦？谁在说话？」

「难道真没办法驱赶巨鲸了吗？」刀狩暗忖，急转过头问：「师父！咱们要不使用锁天门试试看？若是能分开大海，就有办法对付鲸鱼了！」钟馗不敢轻易答应，脑中却在思索另外一事：「当时在桃花水帘洞的时候，小子拔

出了金箍棒，四只灵猴莫名其妙的就消失不见，难道说铁棒真有什么神奇威力不成吗？」想到此处，对着天空大喊：「喂！小子！你快使用铁棒看看！」

眼前一片白茫茫尽是云层遮蔽，大气云团包围，什么都看不清楚。筋斗云一转眼就冲开了厚密云层，几个天旋地转飞向巨鲸，江岚经由同伴提醒，立刻抽出绑在背上的金箍棒，喊道：「大怪鱼！让我看看你有什么本事！」

筋斗云像是疾箭脱弦似地坠往海面、随即忽又冲霄而起，江岚挥舞着金箍棒，飞向蔚蓝天空。就在这一瞬间，天上有四道火团疾速坠落，红霞天火如流星陨石般的来势猛烈，落降之处，脊翅齐断，整排巨鲸的鲂须都被撞出血痕。

众人看得目瞪口呆，巨鲸的脊翅和鲂须烟雾直冒，四只灵猴隐隐而现。刀狩先喊：「师父！是灵明石猴、赤焰马猴、通臂猿猴和六耳猕猴！」

江岚将金箍棒举起来，扛在肩上，乘着筋斗云喊：「啊哈！四大灵猴！让我见识看看你们的本领吧！」

通臂猿猴伸长脖颈，张开大嘴，硬是将鱼腹一口咬住。两只比碗公还粗大的膀臂突然暴长了数百倍，一个劲往巨鲸的躯体围绕数圈，大鱼忽觉得骨软筋麻，痛得想要翻转身躯，摆脱束缚。海中巨浪如狂风残云之势，鲸鱼的神情甚是苦痛，赤焰马猴见猎物的腹部门户大敞，一双铜铃大的眼睛猛地睁开，火瞳直视之处，烈焰瞬间就将鱼腹烧焦了大半片。

话说赤焰马猴的火眼金睛隐蕴着瞳光，被牠窥视之处均会变得炎热异常，海中鱼蟹忍受不住，恰似沸水锅里煮的活鱼一般，在海面上活蹦乱跳，白肚朝上，活生生竟被烫死。

虽然巨鲸的白肚肥皮腹厚，逐渐也抵御不住火瞳威力，浑身炎热，竖起断了半截的脊翅和鲂须，想潜下深海躲避。可惜赤焰马猴早已识破先机，挠腮抓耳，对着同伴吱吱嘶嘶的乱吼怪叫。

六耳猕猴立即点头会意，三双蒲扇大的耳朵晃了晃，伸出猿掌在屁股拔下一根毫毛，放入口中嚼得粉碎，喷向高空。突然之间，密层层的野猴变成了一大群海鸥，倒飞而下，巨鲸被鸟群的尖嘴利啄刺个遍体重伤，海鸥群又摇身一变，化成千万只螃蟹，噗得跳在水中，前拥后挤，将大鱼周围环绕个水泄不通。

只见巨鲸歪歪斜斜地浮在海面，鲂须上有四条极宽伤痕，通臂猿猴、赤焰马猴和六耳猕猴在鱼腹上又叫又跳，浪潮如开锅沸水似地滚滚翻飞。刀狩指着巨鲸喊：「快看！是猿魔！」

灵明石猴走起路来摇摇摆摆，两道黄眉倒竖，突然哮吼一声，全身黑毛和两臂粗筋忽暴涨了数十倍大。那万斤臂力好似脱胎换骨，猿魔搥胸嘶吼，口似血盆，一双毛茸茸的长臂像是万斤坠石压在巨鲸的肚腹，大鱼恰似断线风筝，沉入海中。

燕青、鲁达、武松、柴进、锦卫门和衙役在远处仰头翘望，欢呼不已，眼看巨鲸沉入深海，一颗百亩方圆的大气泡冒上水面，立时静止如初，海浪也都恢复了原本宁静。

海中鱼虾均被赤焰马猴的火瞳煮死，浮在水面，江岚不禁动了恻隐之心，乘着筋斗云落降小船，钟馗、刀狩和香奈均是迎前来唤：「小子！恭喜你获得了一件宝器啊！」、「乌龟仙人，看来这根金箍棒的威力，可不在万古神器之下呢！」、「江岚！你没受伤吧？」

众人回头再看，巨鲸沉入海底，只剩下天空中白鸟翱翔，四只灵猴也早已不知去向。这个时候，忽听得远处有

人喊道：「你们四个海洋大盗！还不快随本大人走一趟衙门？有什么话，上岸再说！」

锦卫门生性好胜，打从出世以来初遭挫折，而燕青、鲁达、武松和柴进虽未受伤，在残船上无论逃往何处，亦是万难突围，如今又被差役困住，也只好乖乖束手就擒：「掌班前辈！看在大家都是江湖中人的份上，您大人有大量，就饶了我英雄浪子和三位兄弟一条小命吧！」、「掌班大人！洒家这个花和尚早已经剃发出家了，咱们井水不犯河水，大人何必苦苦相逼？」、「哼！哼！哼！我武爷爷曾经赤手空拳打死一百只老虎，人称打虎英雄可不是浪得虚名的！要杀要剐随便你，十八年后我武爷爷又是一条好汉！」、「老天爷啊！我这个黑色小旋风到底是做错了什么事，你要这样惩罚我呢？」

钟馗见四个海洋大盗在战船上磕头求饶，当下也不愿轻易与衙门的掌班结仇，处处容让留心，吩咐道：「好了！大家快点准备，小子开船，咱们即刻起帆离开！」刀狩点头：「师父！遵命！」江岚也怕耽搁久了，那锦卫门又来以大言恫吓自己停船，便即风帆往外一扬，急驶而去：「好！全速前进！往封神陵出发！」

第二十章 沙漠遗址

小船经历了海中险境，辗转返回四国境内，待得登岸，钟馗对众人吩咐：「从此刻开始，咱们不知道何时会遇见那四只妖兽，大家必须要团结一起，小心应敌，千万不可分散！」刀狩回答：「师父！遵命！」

江岚和香奈亦点头道：「明白了！」

四人在海上遇见了极大凶兆，索性江岚使用金箍棒的力量，才能够及时化险为夷。这时回到万安镇，夜空中繁星密布，众人找到一座荒废的破庙夜宿，香奈实在是疲惫万分，躺在茅草上就忍不住呼呼大睡，钟馗则是靠在墙边，一如平日盘膝打坐的模样。

另外一端，江岚和刀狩背对着背坐卧在地，这样若是不慎遇到敌人埋伏，攻守皆可兼顾。二人发呆半响，刀狩先开口说：「乌龟仙人，自从我离开了雷峰塔，总算见识到江湖险恶。虽然师父也曾事先叮咛过，但是我既出塔修行，就已经决意要冒此险了！尽管咱们曾经多次遭遇大难，险些丧命，我却始终没有后悔过。」

江岚点了点头：「嗯！我和你有相同的感觉。」刀狩笑问：「你的态度，一直都是那么乐观的吗？」江岚思索半响，突然把旧日往事都说出来，道：「不瞒你说！我以前总是仗着玄冥龟的力量，但是自从败给青冥之后，我却有个心理障碍难以突破，你说我是一直都那么乐观的吗？其实也不尽然。」

刀狩笑说：「可我欣赏你的志气！」江岚无奈道：「唉！失去玄冥龟之后我才突然能够体会，以前从不晓得原来自己那么软弱，我未曾受到什么重大的挫折而自暴自

弃过，所以认为自己什么都能办到。但是后来失去了捆仙绳之后，小船被大鲸怪攻击时却什么都做不了，只能眼睁睁看着小船沉入海中。」

刀狩说：「事情有个开始，到底终须是要有个结局的，伏妖又何必急于一时呢？虽然你曾被怪鲸吞下鱼腹，无意之间却也因祸得福了，岂不是吗？」江岚点头：「这倒也是！」

「嘿！小子！我们四面受敌却不被围困，心里遭难却不至失望，受到了逼迫却不被撇弃，被打倒了却不至死亡。」钟馗正在调息灵能，一股祥和之气由头顶冒出，笑呵呵的继续说道：「因我们行事为人是凭着信心，不是凭着眼见。所以我们并不丧胆。这几句话，你两个小子可要牢牢记住啦！」

刀狩点头：「嗯！我们四面受敌却不被围困，心里遭难却不至失望，受到了逼迫却不被撇弃，被打倒了却不至死亡...师父！这几句话，徒儿会牢记在心的！」

江岚见两个同伴言词恳切，也跟着笑：「钟馗大师说过的话，无论是遇到了多么沮丧难过的景况，总能让人感觉到自己又活过来似的。」钟馗笑道：「哈哈！这个当然！」

刀狩说：「师父！时候不早，要是真的拖延久了，恐怕误事，不如您老人家赶紧睡吧！天亮之后，我们尽快启程！」钟馗伸个懒腰，打盹道：「这样吗？那小子你就先让我睡半个时辰吧？因为老子实在是太困了。」刀狩微笑：「遵命！」

次日清早，一道曙光从黑暗的东方升起，江岚和三个同伴准备起程：「走吧！又要赶路了！」不料四人才刚离开破庙，一只火鸟使个大鹏展翅的架势疾速俯冲，飞入云空，不见踪影。

香奈惊叫：「是神火飞鸦！」刀狩催促：「快追！」钟馗连忙扯住二人：「慢着！」刀狩问：「师父！不追牠吗？」钟馗解释：「切莫轻举妄动，咱们先静观其变！快跟踪他！」

江岚催动灵能，脚下突然凝聚出一团祥云，冲上云端。刀狩和香奈抬头惊看，喊：「乌龟仙人！」、「喂！江岚！你去哪里啊？钟馗大师不是叫我们别轻举妄动吗？」

钟馗摇了摇头：「真是一个冲动的家伙！」刀狩彷徨无计，问：「师父！我们现在该怎么办？」钟馗谨慎道：「先想办法找一辆马车，步行的速度可追不上怪鸟。」

话才讲完，长街末端传来铁蹄声响，声音逐渐接近，有辆马车远远驶来，众人惊诧：「咦？这么凑巧？」江岚急扯缰绳，喊道：「喂！快！马车已经预备好了，快追吧！」香奈惊喜：「江岚！原来你是去找坐骑？」

刀狩和钟馗身形一飘，连窜带纵的跃入车厢，香奈也跟着跃上马车：「太好了！快去追牠！」江岚拉扯缰绳，举起软细鞭挥得咻咻风响，直掼抽转：「喝啊！马儿！快跑！」

那辆马车从长街呼啸而过，往北方疾驰离去，路边游民吓得躲避，但想若是被数十肢铁蹄践踏地下，恐怕欲哭无泪。索性无人受伤，饶是如此也已经吓得脸色惨白，而马车不慎撞倒几桌摊贩，混乱之中，蔬菜和野果压成了泥团，吓得商贩连滚带爬，逃去街道巷内躲避。

江岚疾驰着马车，瞬间走个安静，香奈、刀狩和钟馗坐在厢内，沿途道路上下颠簸，不知不觉已经奔驰了数十里路。众人耳边听得车轮滚动声响，香奈揭开了布帘，窗外一阵暖风迎来：「江岚！能再加快速度吗？」江岚点

头：「好！」骑着轿鞍，急把两只腿往马肚一夹，鞭梢又往马背抽下：「喝啊！喝啊！马儿！快跑！」

马车离开了万安镇，奔驰许久，忽见前方一座小镇沦陷于火海之中。刀狩将头探出花窗，惊喊：「师父！是桑泽镇！」钟馗诧异叫：「他奶奶的！发生什么事情？」

无数的砖瓦散落在地，江岚急忙煞车：「咦！」众人下车观看，香奈惊忧：「这地方发生了什么事情？怎么会沦为一座孤城？」侧头一望，方圆十里的花草皆化为灰烬，钟馗跳出车厢，弯腰察看，见焦土遍布满地，心想：「来迟了一步，这地方被杀得一败涂地，是神火飞鸦干得好事吗？」

江岚喊道：「大家快过来看！」钟馗惊问：「小子，怎么样？有什么发现吗？」

有个灾民神志昏迷，晕倒在地，江岚连忙上前将他抱住，扛着肩膀扶起身，唤：「快醒醒！」刀狩摇了摇头：「没用的…他吸入过多浓烟，已经没救了…」香奈指着前方，喊：「江岚！你们大家快看！」

四人抬头眺望，顿时只见满天红云，灰蒙蒙的烟雾将桑泽镇上空都映成了赤红色。这时惨景当前，火海中尘土飞扬，时疏时密，熊熊的烈焰混着火柱燃成一团，愈接近城镇中央，靠近火海之处便愈是旺盛。逼人的炙炎热不可耐，四人抬头惊看，忽见火海中冲出一只火鸟飞在上空盘旋，刀狩识得那妖兽，惊叫：「师父！是神火飞鸦」钟馗唤：「快追！」

刀狩、香奈和钟馗立刻钻入车厢，江岚一条马鞭握在手中，飞身跃上鞍座：「走吧！就快要追到牠了！」马车继续飞驰，疾轮风转，霎时将满地的萎花枯草拒在后方。

沿途道路颠簸，四人催马快驰，无尽逆拂的飞沙和烟

雾吹得江岚灰头土脸。街边鸡鸣犬吠，几户灾民忙着救火，江岚心想：「可恶！若是有玄冥龟和捆仙绳在手，就有办法扑灭火焰了！」

「去吧！我知道你想帮助他们，那只火鸟交给师父和我来应付！」刀狩爬出花窗，一屁股坐在身旁的鞍座上，继续说：「这些百姓需要你的协助！不要担心火鸟的事，剩下就交给我们处理吧！」

「谢谢你！」江岚毅然点头，喊道：「筋斗云！」话才讲完，一股灵能凝聚脚下，满团的霞光祥云突然涌现，立即踏着筋斗云飞向高空：「你们先走！我很快再与你们会合的！」

「后会有期！」刀狩将鞭绳握在手中，催促：「喝啊！喝啊！马儿快跑！」马车继续飞驰，疾风轮转，霎时距离桑泽镇愈来愈遥远。

也不晓得赶了几里路程，刀狩、香奈和钟馗所乘坐的马车来到了一处旷野，联绵不绝的沙滩和土丘让车轮难以飞驰。突然之间，土坡远方卷来一团尘雾，风沙刮起，将刀狩的衣袖吹个柔活：「咳！咳！咳！师父！马车没办法行经这地方，我们该怎么办？」

钟馗将头探出花窗：「他奶奶的！真是触了霉头，看这大风吹来吹去，难不成会有沙尘暴来袭？」刀狩回答：「师父您别说笑了，这地方又不是沙漠，哪来的沙尘暴啊？」钟馗问：「不是沙漠怎么会有那么多沙？」刀狩回答：「师父，按照我映像之中的记忆，这地方应该是彩云峡附近的湖岸啊！」钟馗说：「又在黑白无常叙交情了！胡说八道，这地方明明就像是一片沙漠！」

「这地方确实不是沙漠！这里是铸剑山庄！」香奈打断二人对话，又说：「这地方乃是彩云峡附近的湖岸，原本是一座湖口，如今却变成了沙漠土丘。」

「铸剑山庄？」钟馗和刀狩同声惊诧，又问：「小姑娘，历卷经书上记载，铸剑山庄原本叫做盘王剑池。五百年前，盘王曾经开凿了墓穴，并将六千刀剑殉葬在地下，剑池被后人称为铸剑山庄。这几百年间，有许多百姓慕名而来，想掘宝藏，可惜最后都一无所获，空手而归，难道这片沙漠就是历卷经书上所记载的盘王剑池？」

香奈道：「自从你们两个出塔修行之后，是多久没来过这地方啦？铸剑山庄的地貌，早在十年前就已经变成了一片荒土沙丘，怎么你们竟不晓得吗？」刀狩回答：「香姑娘！其实师父和我只是从历卷经书的记载得知此处，却从没来过这个地方…」

钟馗不愿显出孤陋寡闻，又害怕自己被香奈笑话，急喊：「小畜生！少啰嗦！回到雷峰塔之后再罚你吊水桶！」刀狩急忙闭嘴：「啊！师父抱歉！」

香奈见师徒二人起哄，也没在意，描述：「十年前，四国境内发生了一场内战，叛乱者试图融合万古神器的力量，江岚和我曾经历过一场惊心动魄的冒险。当时的叛乱者在铸剑山庄融合了金箔大力杵和混天乾坤圈这两柄神器，铸剑山庄的湖光美景变成了一片土海，一座巨大魔神像也被爆裂弹炸个粉碎，如今的剑池已经变成了废墟。」

「原来如此！」钟馗思索：「他奶奶的！我听说古代的盘王曾将混沌之力封印在魔像内，如今既然封印已毁，混沌之力就有可能释放而出，难道这就是妖兽出现在四国境内的原因？」

香奈继续描述：「昆仑郡主曾跟我们说过，他猜妖兽出没的事，多半和铸剑山庄脱不了关系。他说古代的盘王是个极为聪明好胜之人，出生于贵族世家，据说也是远古时其中一位四仙人的后裔。那个盘王不但剑法高强，还精于幻术，可惜他心思太杂，在修行时变了心性，后来在一

场激烈的大战中，将六千柄刀剑和四象宝环殉葬在剑池。据说当时，盘王使用了一种能够镇摄妖兽力量的玄通召唤术，用巨大的魔神像封住敌人，被封印住的敌人还包括了混沌的灵体。」

钟馗恍然大悟：「混沌的灵体？嗯...那这疑团便说得通了！看来恐怕真是魔像损毁，因此四只妖兽才会从封印中苏醒过来的吧？」

几百余里的黄沙漫天，人迹罕见，远方隐约可见两座青山被尘埃阻隔着，刀狩仰头望空，突然惊喊：「师父！比起盘王剑池和魔神像，咱们现在还有更严重的事情需要担心！」钟馗问：「什么事情？」刀狩指着背后叫：「鬼域鸟！」钟馗和香奈均喊：「糟糕！」

这个时候，只见白鸟伸展开又阔又长的双翼，从马车后方疾驰飞来。钟馗失惊怪叫：「他奶奶的！你小子怎么不早点警告老子？」刀狩冤枉喊：「我也是刚刚才察觉的啊！」

钟馗吩咐：「大家小心！鬼域鸟乃是冥界的一种奇鸟，声如凤莺和鸣，只需要一根鸟羽所散发出的风势，就能够摧林断木，千万留神！」刀狩扯着缰绳，喊：「师父！留神妖物！」

话才讲完，数十根风柱疾如潮涌，袭卷而上，刀狩正要抽鞭催马闪避，却听得银鬃俊马长啸几声，后腿一个打直，座骑全都像是人一样的立了起来：「糟糕！师父！大家坐稳了！」不料自己的双腿还挟着鞍座，正被尘埃扫得脸颊疼痛，整辆马车疾如轮转，滚下沙丘。

「啊！」沙丘下有块凸岩，马车后轮撞上石块，厢内剧烈摇晃，刀狩被那股力量抛飞远处。狂沙乱旋，整辆马车从半空中弹起，仿佛千万斤重的大石旋转三圈，余势未衰，滑行数尺之后缓缓停住。

刀狩遭那劲力弹飞，如落叶翻风颠下坐骑，跌倒在地：「扼...扼...痛死人了...」脑袋天旋地转，险些儿连性命都给丢失，索性没受内伤，忍着疼痛，抚胸爬起：「师...师父！香姑娘！」

刀狩血流满面，跃上马车，一脚踹断车厢的门：「可恶！那只怪鸟！」钟馗见徒弟满脸血污，惊问：「怎么样？没受内伤吧？」刀狩摇头：「不碍事！」

突然间一股劲风迎面袭来，鬼域鸟从空中疾驰飞过，钟馗撞得肿痛，怒骂：「可...可恶！他奶奶的！」香奈头昏脑胀，跌在车椅爬不起来：「哎...哎哟...我的小腿...」刀狩撕下半截衣袖，裹住伤口：「师父！我俩快合力封印住牠！」

眼看坐骑摔倒在地，受了重伤爬不起来，远方忽有个黑影迅速接近，鬼域鸟的白羽毛忽然缩短数十倍，落降在地：「三位的样子...看来还真是狼狈啊！」

抬起头看，鬼域鸟却是净化成了人形，姬旦袒肩赤足，不由得哈哈大笑：「哀家很羡慕你们，也希望能有一颗坚强的心。因为哀家也和三位一样，非常非常的...痛恨邪恶！」

钟馗一个飞身，挡在同伴二人身前：「妖怪！回到妳所属的世界去吧！」

姬旦穿着莲花短装，露臂赤足的粉样，便是一个受人宠爱的美娇娘，言谈举动之间显得神秘，更让刀狩和同伴猜不出这妖人究竟在闹什把戏：「师父！要不我们合力用昆沙天门封印住牠的灵能，这样妖怪就无法兽化了！」钟馗回答：「鬼域鸟可不像鲤鱼怪那般容易应付，这家伙在天上飞来飞去的，要封印住牠的灵能可不容易，咱们试试看使用八柱牢之门，困住怪鸟！」

　　姬旦莲步轻移，背后的两扇白色羽翼微微往上一扬，冷笑：「能遇见你们几位很是高兴！正好让哀家消磨一下光阴，既然那么想打架，不如...就让哀家介绍一个好对手给你们吧？」刀狩、香奈和钟馗惊讶：「咦！什么？」

　　不等三人反应过来，天空又降下一只巨鸟，那怪鸟的火焰羽翼散发出金光红霞，忽然眼前卷起了飓风，一个两颧高耸的脸驼叟从雾中走来，笑问：「美人儿，为何妳要介绍三个垃圾给老头子认识呢？」

　　姬旦道：「美丽的东西是用来爱的，虽然他们只是一班小辈，哀家可不想弄脏白色羽毛，你待哀家试他一试吧？」老驼叟点头：「垃圾是很容易燃烧的吧？既然如此，老头子我要烧得这三人连灰也不剩。」

　　眼前这个老驼叟正是神火飞鸦，恢复人形之后便像是个慈眉善目、满脸笑容的长须老人。释海生得骨瘦如柴，双手皮肤比火炭还要焦黑，一张阔嘴露出两排雪白密齿，笑呵呵的盯着三人看。

　　刀狩担心敌人一旦出手就使用干天纯阳之火，喊道：「慢着！」释海问：「怎么？垃圾，你要向老头子道歉吗？」姬旦对同伴说：「不对！老乌鸦，他那张脸看起来并不像是道歉的脸。」

　　刀狩试图拖延，若是等候江岚抵达此地，势必增加胜算，又喝：「且慢动手！且慢动手！」释海问：「怎么？你是害怕被老头子我的干天纯阳之火所烧，到时候形神俱灭，永不超生吗？嘿！既然害怕，可就要避开啊！因为这次没人会再做你们的替死鬼了！」

　　刀狩道：「我并不害怕你变成扁毛畜生的模样，但你与我这班小辈动手，何必费心变成火鸟呢？这消息若传出去，岂不叫人笑掉大牙？人人都说你是靠着扁毛畜生的力

量，才能打赢我们？」

释海怒得头顶冒出一团白气：「不懂得敬老尊贤，你这班小辈竟敢侮辱老头子是扁毛畜生？那好！既然你这垃圾如此大胆，我今天就不使用兽化术了，一样叫你死无葬身之地！纳命来吧！」

刀狩使个缓兵之策拖延时间，谁知敌人心急，激将法凑效之后还没讲完，便即动手。只见白雾中黑影一闪，释海的手刀当头劈下：「扁毛畜生？咱们倒来看看谁才是畜生？准备在你们所期待的幻影中做梦吧！去死！」

刀狩侧滚避开，灰烟皆被那股劲风卷飞，沙尘旋转，招式一变，干天纯阳火焰封锁四方。钟馗急来协助徒弟，举起木杖架挡，瞬间和释海拆了数十招，见那火焰手劈空砍下，急忙举杖硬挡，一时僵持不下：「他...他奶奶的...这老驼叟...力气真大！」

释海吆喝一声，突然变招斜砍左肩，可惜刀狩及时出招援助师父，转个半圈把自己的劲势拨开，啪一声，木杖击在肩膀。

释海狼狈退后，索性化开敌人攻势，饶是如此，也被木杖敲得肩膀隐隐生痛：「无知小辈，死到临头，还敢如此猖狂吗？」刀狩心想：「可恶！没想到扁毛畜生的劲力如此强大？若是继续纠缠，师父和我免不得要吃大亏了，必须赶紧想个办法封印住他的灵能才行。」

这个时候，姬旦忍不住开口说：「老乌鸦！你这样子决难伤他，何必争面子跟这班小辈赌气呢？若是你使用干天纯阳之火九成的功力，他们岂能是你对手？」

释海心想这话不错：「这班旁门左道的小辈真是妄自尊大！今天若不教训你们，反倒是折了老头子我的锐气，叫你们见识看看干天纯阳之火的厉害！纳命来吧！」讲

完，双拳冒出一团火焰，旋转燃烧。

刀狩侧头闪避，火焰从脸颊边掠过，吓得心惊：「好险！」释海想夺敌人性命，双手又冒出一团烈火掷去：「没路可逃了吧？还不认命？」

钟馗、刀狩和香奈见敌人的法术神妙无穷，皆只能左右闪躲，几次差点儿都被火团烧到，侥幸打滚避过，飞快躲到马车后面，喊：「可恶！师父！我无法接近他！」钟馗浓眉一竖：「我掩护你！」

释海将手往上一举，干天纯阳之焰的火团自天飞坠，在马车周围爆裂开。钟馗和刀狩有结界术护身，立刻施展出三重罗生门的结界仙网，三层满绘符箓的石门硬是挡住火团，顿时整片沙丘充满着硫磺之气，热如蒸笼。

火焰逼得鸟兽潜避，那威力笼罩住方圆半里之内，敌人若是接近，不免给火团炸个焦黑。钟馗和刀狩靠着障碍石门，侥幸躲过干天纯阳之火的攻击，耳边听得嗡嗡火团不住坠地，香奈焦急问：「我们现在该怎么办？」

钟馗和刀狩无可奈何，只能躲在石柱后守株待兔，等到释海警戒放松，再趁机用结界术封印住对方，给予致命一击。

姬旦眯了眯眼，望着天空看：「咦？奇了？天上那朵祥云是怎么回事？」这个时候，忽见天边现出一点微光，隔了半晌，光芒渐强，渐渐露出一个人影。释海同样也看见了万道精光的祥云，起初还以为只是日轮从海天尽处浮起，因此才会万道朝阳，日渐逐高。但是仔细一想，此时并非东方破晓的时刻，哪来这番奇景呢？

香奈喜出望外，喊道：「江岚！」刀狩也跟着叫：「乌龟仙人！」钟馗亦是乐得哈哈大笑：「现在老子忙得无法分身，小子来得正是时候！」

江岚低头稍看，相距铸剑山庄愈来愈近，心想：「总算及时赶到了！」当下一阵疾风从身边呼飚而过，衣裤均被吹个柔活，云雾渐稀，沙漠和土丘的奇景呈现眼前：「妖怪！我在这边！」

天空传来一阵雷响，忽起狂风，江岚乘着筋斗云俯冲而下。此事大出意料之外，姬旦和释海皆是大惊：「咦！那小辈不是死了吗？」、「怎么回事？真是岂有此理！那垃圾居然没被怪鲸吞下肚腹？」

姬旦原本还在一旁观战，这时终于忍不住气，狞笑：「无知小辈！你那雪白色的头发是怎么搞的？以为能够乘云驾雾，就能打败哀家了吗？真是一味天真！此举只是卖弄才能，志在讨好自己，看来你的心思又要白费了！」话才讲完，全身的粉红轻纱均化为白色羽毛，赤足和玉臂也都暴涨了数十倍大，一双炯炯神光的幻眼透出杀气，翅膀扩开，一个旋转，飞上高空。

释海见同伴出手，甚为懊恼：「美人儿！慢着！那小子好面熟啊！居然将头发染成白色？早叫他不要被老头子我给撞见了！等等啊！」讲完，原本骨瘦如柴的枯手亦是暴涨了数十倍大，眼中似是要冒出火焰，两翼开展，前后相距数十丈远，往鬼域鸟追去。

两只巨鸟双翼兜风，振翅一拍，翱翔于青天之间。尘土飞扬，刀狩、钟馗和香奈在沙丘上显得渺小如蚁，均喊：「乌龟仙人！留神！」、「小子！快将两只妖怪引下来，咱们协助你封印他们！」、「啊！江岚！小心后面！」

天空被白茫茫的云雾笼罩，江岚回头一看，鬼域鸟和神火飞鸦紧追在后，心想：「追来了吗？正好！叫你们见识看看金箍棒的厉害！」

筋斗云愈飞愈高，几团飞沙迎头扑面的塞着口鼻，被大气云层包围，什么也看不见。鬼域鸟和神火飞鸦啼鸣一声，羽翼绒毛全数鼓起，江岚踏着祥云却甩脱不开怪鸟追逐，有些懊恼，心想：「可恶！在云层中看不清楚，必须再飞高一点！」

双方前后相差了数十丈远，突然眼前一片光明，江岚乘着筋斗云穿出冻云层，低头俯瞰，隐约可见铸剑山庄附近的沙丘、山脉和残石断壁的魔神像，那风景隐现于漫天雾尘之中，尽收眼底。

话说铸剑山庄面积宽广，地域范围原是彩云峡附近的一处湖口，只因十年前四国遭受叛乱者的破坏，当时有人企图融合万古神器，召唤出辟邪兽和混沌兽，剑池湖口崩塌，水势分裂，汇成了数道宽窄的瀑布，滔滔不绝，往缺口泻下。

那个时候，索性有无数根藤蔓从岩石中破穴而出，东缠西绕，向四方扩展开。湖口水势被崩土界限所阻，裂湖范围缩小，数层无形沙障也将坍谷填平，形成了一片土海。

起初这地方有一尊大魔像依山筑建，九层楼高，也不知是供奉什么神样，只知祂右手拿斧、左手持锤，头顶戴着锥圆冠冕，脚下骑乘一团火云。

后来魔像不慎被人炸裂，万道红光瞬间将它炸个粉碎，石像的手臂失去支撑，雪崩溶化似往下坠落，火星飞溅，断裂石像罩着一层灰雾，陷在土海。

当时剑池周围到处都是灰烟，沙丘近处也开始飘起无限风沙，这场爆炸震得战场上再也分不出东西南北，坍落的魔神像塌出一个大坑，碎石被黄沙掩埋了大半截，陷入百亩方圆的土海，铸剑山庄便成了今日这个沙漠荒原。

此番经历，钟馗和刀狩虽不晓得，江岚和香奈却曾在场，魔像坍塌之后，青冥、姬旦、释海和琥珀从封印中逃出来，便是源自于此，只是这结果却未在众人意料之中，才会导致了四国境内源源不绝的乱象。

回到眼前，忽见鬼域鸟和神火飞鸦收翅束尾，如投石一般往敌人俯冲下，江岚顾不得风大危险，一个旋转从两只巨鸟的中央穿梭而上：「哈！被我躲掉了，真是可惜啊！」不料才刚讲完，两股奇寒与酷热的阴风和阳焰同时扑到：「啊！糟了！」

原来，鬼域鸟和神火飞鸦遭人愚弄，面带怒容，但只要猎物稍现一丝空隙，立即反击。而江岚被火柱和风柱偷袭，虽然侥幸避开，体内灵能却变得混乱一团，脚底祥云也跟着突然消散，一个不慎，竟被风势抛飞天空：「糟糕！太大意了！」

鬼域鸟和神火飞鸦张开血口，探出锐爪往前一抓，两只巨兽互相争夺美食，眼看相隔只有数丈却咬不到猎物。双方争得彼此怒吼，那怪声震耳欲聋，江岚侥幸逃出虎口，惟恐再一时疏忽而误失全局，立即收起顽皮童心，谨慎思索：「可恶！筋斗云！快出现啊！」

钟馗、刀狩和香奈见同伴形势不妙，索性鬼域鸟和神火飞鸦正在空中争斗，此着恰合心意，急喊：「小子！快用筋斗云啊！」、「乌龟仙人！留神！在头顶上！他们又飞下来了！」、「江岚！小心背后！」

江岚疾速坠向沙丘，突然间一道光线穿透云层，隐约可看见铸剑山庄和埋在沙土中的魔神像。当下立即闭目，忽想起十年前自己曾在这地方阻止过叛乱者融合万古神器，那时曾有一名女子为了搭救众人性命，不幸牺牲，此刻脑海中莫名浮出了一个画面：

「海棠大人！」

名叫海棠的女子咳了咳嗽：「小伙子，上...上次曾经问过你的问题，你想出答案了吗？」江岚点头：「嗯！」海棠望着天空，问：「在野火战乱的年代中挣扎生存，无论走到哪里都是一团黑暗，奸盗者将抢来的妇女剥了衣裙，任其辱受奸淫荼毒，恶霸劫夺良人的产业，烧杀掳掠。就算云端上有阳光，但云底下的会是什么呢？」江岚眼神坚决，道：「有多大的阳光，就有多大的阴影，但是当我把双眼注视在阳光的时候，阴影就会落在背后，所以即使云底下是漆黑一团，但在天空上，仍旧还是阳光普照。」

海棠听了这话，心中温暖，再看着联绵不绝的沙滩和土丘，指着铸剑山庄，说道：「四...四国境内，百姓可以坐在树荫下乘凉，是因为很久很久以前，有...有人在此种下了树...咳咳...在...在我出生的时候，这块土地不是一片荒芜。我离开时，希望这个地方也不是一片荒芜。不管遇见多少恐惧，都不要轻易退缩，就像生长在四国境内的花草树木，在你我离世的时候，仍会继续延续下去...」江岚毅然点头：「海棠大人，我答应妳！」想到这边，脑海记忆又是一团迷糊，江岚握着金箍棒疾速坠落，在半空中毫无着力之处，衣袖亦被强风吹个柔活，突然睁开双眼，喊道：「飞空术！筋斗云！」

眼看这下坠之势极快，不料才刚喊完，一转眼就冲开了冻云层，江岚几个天旋地转飞向悬崖。筋斗云像是疾箭脱弦，将鬼域鸟和神火飞鸦远远抛弃在后，随即忽又冲霄而起，乘载着主人飞向高空，疾速而去。

鬼域鸟和神火飞鸦再次被敌人愚弄，恨不得把这小子和祥云一起吞入腹内，震天一声厉吼，愈是显得丑陋恐怖。突然背后精芒耀闪，却是敌人再度乘着筋斗云飞来，两只巨鸟心里均想：「这次可要打得你连残魂都难升天！」

两只妖兽还在筹算凶谋，江岚却已经将金箍棒一挥

动，四根风柱团团飞转：「灵猴们！上吧！」

鬼域鸟和神火飞鸦正欲全力相抗，不料眼前那四根风柱威力奇大，风势夹杂着四道火团，红霞天火如流星陨石似地迎面飞来。二妖睁大圆眼，均想：「这四颗火球是什么玩意儿？」

突然之间，万道红光在高空中爆散开，鬼域鸟和神火飞鸦速度锐减，像投石一般往下坠落。两团阴影遮蔽大地，刀狩、香奈和钟馗抬头惊看：「糟糕！快点避开！」

两只巨鸟往下直坠，所降之处尘雾飞扬，撞出两个方圆百亩的大坑洞。魔神像曝露在沙土外，残壁全都崩塌坍倒，天空忽刮起一阵大风，霎时之间云消雾散。姬旦和释海颇为惊怕，机伶伶地打了一个冷颤，全身疼痛无比，倒像是筋骨被人拆散似：「怎...怎么回事？痛死人了...」

二人仗着兽化术的灵能护体才能保住性命，饶是如此，那剧痛却像是灵魂出窍一般，只得咬牙忍受。释海和姬旦毛发皆焦，周身皮肉彷佛受了万针刺体，忍着疼痛爬起身子：「可...可恨...刚才那四个是什么鬼玩意？美人儿，咱们务须速退，先...先逃出此地，再作计较！」、「老...老乌鸦，逃跑不会觉得很羞耻吗？」、「总...总比战死沙场来得好吧？可...可恶...老头子我居然会败给了一个白发小鬼！」

二人七窍生烟，到口的馒头虽不死心，只不过先前差点儿就被那四道流星陨石给压扁，此刻身陷险境也不敢再轻举妄动，就算拼耗灵能，也要想尽办法逃脱。

刀狩和钟馗察知敌人心思，同时飞奔叫：「糟糕！师父！他们想逃！」、「他奶奶的！别让这两个家伙跑掉了！」

释海和姬旦晓得自己若是兽化逃走，势必被江岚从空

中拦截，全力施展出灵能，均喊：「形隐速遁之术！」忽然头顶有一团火花爆散开，两股青烟冒起，瞬间将肉体护住。

二人在那垂帘轻雾笼罩下，化成一缕细如游丝的烟香，钟馗见敌人防御严密，不敢大意，急忙扯住刀狩和香奈肩膀，吩咐：「别过去！咱们不晓得如何破那妖术！」当下只能眼睁睁看着释海和姬旦负伤而逃，日光映在残墙断壁的静影，沙丘上却不露出一丝足迹。

山海封神榜　前传

传说在很久以前，有两个大神争夺天地，世界遭受了空前浩大的灾难。冰洋极海的积雪被烈焰融化，形成无数川流，万亩方圆的地域被汪洋淹没，岛屿陆沉，天倾地陷的巨灾一触即发。

四位仙人遵照天象经纬的指示，仗着仁厚胆识之心走遍天下，在极地荒凉的隐僻之处发现了天地相辅、山海相循的奥秘。

靠着天地山海所吸收的日月精华，经过火风水土的酝酿所淬炼出的幻化灵珠，能使天下安定，扭转人类荣枯兴衰的契机。因此四位仙人展开了收集灵珠的旅程，将灵珠铸成神器，使用这股力量来解救苍生。

千百年来，八柄神器代代相传，四仙人为天下树立了万世范典，以彩云峡为地界的中心点，先后创立了天山国、蓬莱国、郁树国和翠云国。

後來四仙人擇地隱修，萬古神器與四象召喚術之傳承的重責大任落到了後裔身上，在戰亂的年代，光明御史被賜予了平定亂世的力量，並且為四國揭開了序幕之戰。

山海封神榜 第一部

原初之始，天地混沌黑暗，自盘古开天辟地以来，地绕黄道每六万六千六百六十六年必有一次大劫，那横灾会使万里方圆的地域发生海啸山崩。

一旦大劫来临，不仅池枯地裂，气温骤降，甚至还会洪灾横流，岛屿陆沉，生灵更是遭受沉湮之灾。

四位仙人走遍天下，在极地偏僻之处发现了天地相辅、山海相循的天机奥秘。

靠着吸收天地山海的日月精气，和火风水土的酝酿，所淬炼出的幻化灵珠，可以扭转人类荣枯兴衰的契机。这几颗四象灵珠被打铸在兵器内，代代相传，后世百姓称之为「万古神器」。

这本小说，藉由一个平凡少年的今古奇遇，万古神器和四象灵珠召唤术的超时空幻景，带您进入前所未有的古典奇幻新纪元，敬请期待。

Tales of Terra Ocean

Long before the distant past, Earth was an organic whole without form and void. A divine goddess named Pan Gu separated Earth from Heaven to form Terrestrial continents 。

Once every sixty six thousand six hundred and sixty six year, a disastrous scourge would be brought upon this land 。 Floods, drought, famines, earthquakes and disease epidemics spread throughout Earth 。

Four Sages walked across the continents and discovered the myth of contrary forces, which were interconnected and interdependent in the dynamic natural cycle 。 Relying on absorbing the spirits of sun, moon, fire, water, wind and earth, an animating force was formed within beads which could summon the catastrophic destruction brought upon land but also able to preserve the existence of mankind 。

Weapons were forged with spiritual beads, passed down through generations and were dubbed Eternal Summoning Weapons of the Ancient 。

As the plot progresses throughout this book, readers will be able to browse inside an ordinary youngster's extraordinary journey, retroactively entering the chronological time warp of paranormal summoning monsters, and witnessing a new era of fantasy stories 。 This book guarantees an unprecedented scale in the classical Chinese literature 。

A literature of fantasy moniker **Tales of Terra Ocean**

書名： 山海封神榜 第二部《中卷》 盤古大神

ISBN-13:978-1512307351

ISBN-10:1512307351

作者： 蘆葦草

封面設計： 草米菓創意工作室

出版日期： 2015 / 03 / 25

建議售價： US$ 17.99 / CDN$ 19.71
出版： CS Publish

"Shan hai feng shen bang".
Di er bu = Tales of Terra
Ocean. Kingdom of chaos

DOWNTOWN AMERICAN PLACE
32520106719270

20590277R00114

Made in the USA
Middletown, DE
01 June 2015